Ana Pogačnik

Ins Wunder des Neuen

Die Botschaft der größten Steinkugel der Welt

Ana Pogačnik
Ins Wunder des Neuen, Die Botschaft der größten Steinkugel der Welt

1. Auflage 2019

© Ana Pogačnik
Alle Rechte vorbehalten

Titelseite:
Foto: Ana Pogačnik
Gestaltung: Zita Weckenmann

Fotos: Ana Pogačnik; Sylvie Oliva
Zeichnungen: Ana Pogačnik
Kosmogramm: Marko Pogačnik

Satz und Gestaltung:
Zita Weckenmann

Lektorat:
Gabriella und Alfred Borter

Verlag:
Modra Zemlja, Šempas 160, 5261 Šempas, Slowenien

CIP - Kataložni zapis o publikaciji
Narodna in univerzitetna knjižnica, Ljubljana

130.33

POGAČNIK, Ana, 1973-
Ins Wunder des Neuen : die Botschaft der größten Steinkugel der Welt / Ana Pogačnik - 1. Aufl. -
Šempas : Modra zemlja, 2019

ISBN 9789619472002
COBISS.SI-ID 300103168

Inhalt

Für meine Liebsten, Thomas & Klara & Eva,
die mich mit ihrem Sein jeden Tag bereichern
und mir helfen, immer mehr die zu sein, die ich wirklich bin.
Danke, meine Lieben, dass ihr diesen Weg mit mir geht.

Einführung

Wie es zu diesem Buch kam

Gleich am Anfang möchte ich betonen, dass dieses Buch in zwei separaten Teilen herausgegeben wird. Ich habe zusammen mit meinem Mann, Thomas von Rottenburg, dieses Buch geplant. Da er aber zurzeit viel für die Seminare unterwegs ist, wird er erst später zum Schreiben kommen. Ursprünglich wollte ich mit der Herausgabe meines Teiles warten, bis sein Teil auch fertig ist, aber ich habe beim Schreiben gemerkt, dass diese Botschaft für die aktuelle Zeit jetzt geschrieben ist und es überaus wichtig ist, dass sie jetzt in die Welt kommt.

Wir können mit der Publikation des 2. Teils des Buches noch in diesem Jahr rechnen. Thomas wird in seinem Teil mehrere ätherische Öle als konkrete geistige Hilfe für diesen Übergang in das Neue detailliert vorstellen.

Dieses Buch ist wie ein Schwester-Buch unseres Buches „Die Wahrheit aus der Zukunft", das im Jahr 2017 veröffentlicht wurde und die Botschaft der Visoko-Pyramiden als Wandlungsimpuls für die Neue Zeit beschreibt. Das Buch, das Ihr jetzt in den Händen haltet, baut auf dem Fundament der Botschaft von Visoko auf und führt uns einen Schritt weiter auf dem Weg ins Neue.

Die große Steinkugel von Zavidovići liegt ca. 1 1/2 Autostunden nördlich von Visoko und ca. 2 Stunden von Sarajevo entfernt. Sie wurde erst im Frühling 2015 ausgegraben. Mit ihren 3,20 Meter Durchmesser ist sie die größte bis jetzt entdeckte Steinkugel dieser Art auf der Welt.

Als Thomas und ich im Frühling 2017 ein Seminar bei den Pyramiden in Visoko durchführten, besuchten wir, als Teil der Seminarvorbereitung, auch den Ort der großen Kugel, weil wir mit der Gruppe dorthin gehen wollten.

Wir haben uns auf den ersten Blick in diesen Ort verliebt. Seitdem sind wir mit ihm innig verbunden, führen immer wieder Gruppen dorthin und sind dabei, ganz in der Nähe der Kugel ein Heilungszentrum aufzubauen. Dieser einzigartige Ort ist sozusagen ein Teil unseres Lebens geworden. Die persönlichen Erlebnisse und Erfahrungen, die wir mit den Gruppen dort gemacht haben, haben immer wieder unser Gefühl bestätigt, wie besonders dieser Ort ist.

Bei der Vorbereitung für die Seminare vor Ort und bei der Arbeit in den Gruppen wurde mir immer deutlicher bewusst, dass die große Steinkugel etwas ganz Außergewöhnliches in sich trägt.

Erst in diesem Winter, als ich anfing, diese Botschaft aufzuschreiben, habe ich in der Tiefe verstanden, was für ein wichtiger Ort die Kugel mit der umgebenden Landschaft ist. Als Wesen ist der Ort ein Gigant, der genau das Wissen in sich bereithält, das für die jetzige Zeit essenziell ist.

Eines Tages habe ich mich entschieden, mich mit dem Ort zu verbinden und ihn zu bitten, mir seine innere Botschaft zu übermitteln. Das Buch, das jetzt vor Euch liegt, ist das Resultat dieses Austausches.

Noch ein paar Worte zum Buch

Als Menschheit stehen wir vor einem großen Wandlungsprozess*, der uns letztendlich in das Neue führen wird. Noch sind wir stark an die alte Welt gebunden; darum wird dieser Prozess für uns nicht leicht sein. So ist jeder Hinweis und jedes Wissen über den Verlauf ausgesprochen wertvoll und hilfreich. Wir brauchen Hilfe, um die geistigen Hintergründe der momentanen Lage zu verstehen, und der enormen Entwicklungsmöglichkeiten, die für uns darin liegen.

Die Lage, in der wir uns befinden, ist nicht einfach und sie wird immer ernster; deswegen ist es hilfreich, wenn wir begreifen können, welches die geistigen Hintergründe dieses äußeren Geschehens sind.

Die ganze Welt, die Medien an erster Stelle, sind auf das äußere Geschehen hin orientiert; dieses erinnert jedoch immer mehr an ein groteskes Theaterstück, bei dem wir uns schwerlich vorstellen können, dass es noch etwas mit der Realität zu tun hat, in der wir leben. Die Wahrheit wird uns immer häufiger vorenthalten, wir wissen nicht mehr wirklich, wem wir noch glauben können oder wer uns schon wieder etwas vorspielt, um uns als Menschheit in eine bestimmte Richtung zu lotsen. Wir werden durch Informationen manipuliert, immer wieder an der Nase herumgeführt, werden mit Lügen abgespeist und werden immer mehr

---

* Mehr über den Verlauf dieses Prozesses ist zu lesen in der Botschaft von der Pyramidenlandschaft in Visoko im Buch „Die Wahrheit aus der Zukunft", 2017, das ich zusammen mit Marko Pogačnik und Thomas von Rottenburg geschrieben habe.

ausgenützt. Es ist immer schwieriger, die tatsächliche Wahrheit über das, was in der Welt wirklich geschieht, herauszufinden und gleichzeitig wird es auch immer gefährlicher, zur Wahrheit zu stehen und vor allem ihr zu folgen.

Die Wahrheit ist im Mainstream nicht mehr beliebt und deswegen wird sie immer mehr überrollt. Unsere Aufmerksamkeit wird in alle möglichen Richtungen gelenkt, damit wir uns ja nicht mit dem Wesentlichen beschäftigen.

GENAU deswegen ist es so wichtig, die Wahrheit bewusst zu suchen, sie in der Tiefe verstehen zu wollen und sie auch nach außen zu vertreten. Die Wahrheit lebt davon, dass wir sie aktiv nähren. Sie wirkt nur dann, wenn sie belebt wird, wenn sie begriffen wird, wenn sie in der Tiefe erkannt wird und wenn sie letztendlich inkarniert wird.

Deswegen war es mir so wichtig, dass diese Botschaft jetzt zu den Menschen kommt. Ich kann reinen Herzens für sie eintreten, weil ich nicht die eigentliche Autorin bin. Ich habe meine Gabe, die ich schon seit dreißig Jahren kenne und benutze, zur Verfügung gestellt, damit dieser Ort durch mich die Möglichkeit bekommt, seine Wahrheit, sein Wissen und seine Hilfe für uns Menschen und damit für die Welt anzubieten.

Da solche Botschaften nicht in einer festen Form im Äther liegen, sondern mehr als ein Energiefluss oder als Kraftsphäre zu verstehen sind, ist der vorliegende Text eine Möglichkeit, wie diese Botschaft in Worte übersetzt werden kann. Ich bin mir bewusst, dass ich dabei mit meinem Wesen, mit meiner Persönlichkeit einen gewissen Filter darstelle. Es ist ähnlich wie bei einem Kunstwerk, in dem der Künstler sein Talent und sich selbst als Mittler anbietet, damit etwas durch ihn in die Welt kommen kann.

Da mich im Hintergrund keinerlei persönliche Interessen antreiben, konnte ich mich ganz freimachen und zulassen, dass der Ort sprechen konnte. Dem Ort eine Stimme zu geben, war eine sehr intensive Arbeit, die von mir eine hohe Konzentration forderte. Und so bin ich, obwohl ich diese Art des Schreibens liebe, immer auch froh, wenn die Botschaft vollständig niedergeschrieben ist. Das ist auch ein schöner Moment, weil ich weiß, dass die Botschaft in die Welt gehen kann – schlussendlich habe ich sie ja nicht nur für mich persönlich empfangen, sondern für die Menschen.

Liebe Leserinnen, liebe Leser, mit diesen Worten ist mein Teil getan und ich übergebe mit viel Freude diese Botschaft an Euch.

Bitte nehmt Euch genug Zeit zum Lesen, so dass die Kraft, die in und hinter den Worten liegt, Euch auch wirklich erreichen kann. Seid Euch dabei bewusst, dass die Worte „nur" die Träger der Kraft sind, die der Ort ausstrahlt. Um die wahre Botschaft empfangen zu können, solltet Ihr mit dem Herzen und nicht mit dem Verstand lesen. Dazu eine kurze Übung, die ich gerne in den Gruppen mache: Wir stellen uns vor, dass wir eine Schildkröte sind und somit unseren Kopf, und damit unseren Verstand, in den Bereich des Herzens einziehen können. So wird der Verstand von der Herzensklarheit aufgeweicht, durchdrungen und gestärkt, so werden wir in der Lage sein, mit dem Herzen aufzunehmen und zu verstehen.

Es mag sein, dass dem einen oder anderen der Stil, wie die Botschaft aufge-schrieben ist, als etwas streng oder belehrend vorkommen wird. Dank der innigen Verbindung mit dem Ort und dem Gefühl, das ich beim Schreiben hatte, kann ich sagen, dass es wirklich nicht so gemeint ist. Die mögliche Schärfe entsteht, weil die Lage, in der wir uns als Menschheit zurzeit befinden, sehr ernst ist und die Botschaft bringt die Dringlichkeit zum Ausdruck, dass es höchste Zeit für uns ist, aufzuwachen und bewusster zu werden.

Der Text ist in der Form von Antworten auf die gestellten Fragen geschrieben. Es gibt im Text zwei unterschiedliche Schriftstile: einer für die Botschaft dieses Ortes und einer für Worte, mit denen die Steinkugel uns Menschen direkt an-spricht. Diese direkte Rede ist mit dem kleinen Symbol markiert, steht immer in Anführungszeichen und ist mit Kursivschrift gegenüber dem übrigen Text her-vorgehoben.

Ich habe mich entschieden, ein paar Fotos hinzuzufügen, für die Menschen, die es NOCH nicht geschafft haben, diesen Ort direkt kennenzulernen. Sie geben einen ersten Eindruck, sie können und sollten aber nicht ein Ersatz für die leben-dige Begegnung mit diesem majestätischen Ort sein.
Die Fotos helfen dabei, sich die physische Gestalt der Steinkugel vor Augen zu führen, aber selbstverständlich können wir die Übungen und die Meditationen auch aus der Distanz machen, ohne physisch bei der Kugel zu stehen.

Ich wünsche Euch eine gute Reise in das NEUE. Dank dieser Botschaft wird die Wahrheit des Neuen so präsent, dass wir nun wirklich keinen Grund mehr haben, weiter auf der Stelle zu treten. Das Leben wartet auf UNS.

Dann fangen wir mal an ...

In tiefer Verbundenheit und Dankbarkeit

Ana

Šempas, 14. März 2019

Die große Kugel lädt ein

Wenn man die Welt genauer betrachtet, dann scheint das Leben oft immer sinn-loser. Doch eigentlich ist genau das Gegenteil wahr – die Lebenskraft ist immer klarer, potenzierter, durchdringender, präsenter und tragender. In seinem Kern wird das Leben immer reiner und leuchtet immer mehr mit dem Licht der Wahrheit. Wo stehen wir Menschen nun? Sind wir immer sinnloser unterwegs, oder strahlen wir immer mehr mit dem Licht der Wahrheit? Wahrscheinlich ist beides WAHR.

„Wo stehst Du, lieber Mensch?
Kannst Du mich noch erkennen, siehst Du noch mein Licht? Kannst Du das Vibrieren des Lebens in Deinen Händen spüren, wenn Du Deine Hände an mich legst? Kannst Du das Strahlen des eigenen Herzens wahrnehmen, wenn Du Dich mit mir verbindest? Kannst Du Dich selbst erspüren, wenn Du zulässt, dass wir Eins werden?

Ich bin da, ohne Erwartungen – und Du? Was erwartest Du in diesem Augenblick von mir, von Dir selbst, vom Leben, von den anderen? Auf was wartest Du, wenn Du etwas erwartest, statt dass Du Deine Wahrheit lebst? Was hält Dich zurück und warum schaust Du so unsicher in die Welt? Das Leben ist unberechenbar, das stimmt, aber das heißt noch lange nicht, dass Du ihm nicht vertrauen kannst. Du bist SICHER im Leben, auf dieser Erde! Das Leben wäre für Dich viel einfacher und vor allem sinnvoller, wenn Du das glauben könntest.

Ich stehe hier ohne Angst – und Du, lieber Mensch? Kannst Du das für Dich selbst auch sagen? Wenn Du Dir die letzten Stunden Deines bisherigen Lebens, oder den letzten Tag oder die Woche ganz ehrlich anschaust? Konntest Du das Leben und alles, dem Du begegnet bist, ohne Angst erleben und durchleben? Wenn ich Dich anschaue, kann ich Dir sagen, dass Dein Leben noch sehr stark von der Energie der Angst gesteuert ist. Du bist nicht FREI! Du denkst zwar, dass Du ein freier Mensch bist, aber dabei merkst Du nicht, dass hinter vielen Deiner Entscheidungen die Angst steht und Dich sogar in Deinem Tun, in Deinem Sein führt und damit Deinen Weg sehr stark beeinflusst.

Wie würde Dein Leben aussehen, wenn Du nicht mehr der Energie der Angst, sondern der Kraft des eigenen Seins folgen würdest? Ich kann Dir sagen, dass der Unterschied viel größer wäre, als Du Dir überhaupt denken kannst!

Ich BIN – und Du? Kannst Du das von Dir selbst sagen? Bist Du wirklich noch Du selbst, oder bist Du die Sammlung aller unterschiedlichen Erwartungen und Vorstellungen, Projektionen und Rollen, die Du, Dein Leben und Deine Mitmenschen kreiert oder mindestens mitkreiert haben?
Kannst Du Dich selbst noch spüren? Kannst Du in Deinem eigenen Kern noch zu der tiefsten Wahrheit gelangen? Hast Du noch den Zugang? Kennst Du noch den Weg dahin oder hast Du ihn Dir selber schon versperrt?

Ich möchte Dich mit diesen Worten auf keinen Fall verurteilen, und es sind für mich auch keine Vorwürfe an Dich. NEIN, ich nehme Dich an und liebe Dich so, wie Du bist. Ich sehe Deine Schönheit noch ganz KLAR. Ich frage so viel, weil es mich wundert, ob Du selbst Deine eigene Schönheit noch sehen kannst.

Wenn Du Deine Hände ganz sanft auf mich drückst und Dich berühren lässt, dann wirst Du nicht nur mich, sondern hoffentlich vor allem Dich selbst neu erkennen können.
Wir können zusammen einen Weg – einen Weg der Erkenntnisse – gehen. Zusammen können wir die Welt neu entdecken und die Schönheit des Lebens zusammen neu kosten.

Es gibt noch so viel zu sehen, was noch nicht gesehen wurde. Es gibt noch so viel zu erkennen, was noch nicht erkannt wurde. Es gibt noch so viel in der Tiefe zu verstehen, was noch nicht verstanden wurde. Es ist noch so viel zu sagen, was noch nie gesagt wurde. Es ist noch so viel zu leben, was noch nicht gelebt wurde.

Bist Du bereit? Möchtest Du mit mir reisen? Magst Du mit mir eine neue Welt entdecken, die jenseits Deiner jetzigen Vorstellungen existiert?

Schließe die äußeren Augen und öffne dafür Deine inneren Augen. Lasse Deine Vorstellungen und Erwartungen los und lasse Dich stattdessen berühren. Wir werden dadurch beide bereichert und ich sage Dir schon jetzt DANKE, dass Du bist und dass Du Dich traust. Du bist ein Geschenk für mich. DANKE!

Ich lade Dich ein, mit mir zu kommen."

Die große Kugel in Zavidovići (Bosnien)

Das Wesen der Kugel

Der Ort der großen Kugel

Der Ort lebt nicht in unserem Zeit-Schema und birgt dadurch eine ganz andere Weite in sich. Die Zeitbegrenzungen gelten für diesen Ort nicht. So kann er eine ganz besondere Verbindung zur Ewigkeit halten und anbieten. Es entsteht eine magische Harmonie, die wir Menschen in unserem Alltag gar nicht mehr kennen. Alles ist möglich – Magie und Zauber haben hier noch die Kraft, die Wirklichkeit ganz konkret und real zu beeinflussen und zu verändern.

Der Ort ist wie ein Nullpunkt – der Anfang und das Ende, die Geburt und der Tod. Die Kraft ist sehr stark und doch in vielerlei Hinsicht neutral – ungefärbt, unbestimmt und nicht vorprogrammiert. Das ist die Freiheit, die diesem Ort eine ganz bestimmte Klarheit gibt.

Hier ist alles möglich! Hier lebt die pure Kraft der Wunder, weil der Ort noch so rein und mit der Ewigkeit verbunden ist.
An diesem Ort ist die Welt noch heil und gesund – sie ist nicht vorbelastet und die Kraft ist im ewigen Fluss.
Der Ort ist damit eine Oase, ein Vorbild für Reinheit, Klarheit, Offenheit und Neutralität. Wir alle können viel von diesem Ort lernen.
Wenn wir Menschen es schaffen, das, was dieser Ort vorlebt, in unser Leben zu bringen, dann würden wir den Zauber des Lebens erfahren und würden endlich die tiefe Weisheit des Lebens verkörpern.

Dieser Ort ist eine Majestät!

In einer Zeit, in der alles immer unsicherer wird, in dem die bekannten Strukturen zusammenbrechen und immer weniger Halt geben, in der immer mehr Menschen wacklige Beine bekommen, ist so ein Ort ein unbeschreibliches Geschenk.
Er kann uns als sicherer Hafen dienen, in dem wir die eigene Klarheit und die eigenen inneren Werte bewahren können. Er hält einen Kraftraum, in dem wir sicher sind, in dem wir frei sind, in dem wir sein können, wie wir in unserem wahren Wesen sind.

Dieser Ort bietet einen geschützten Rahmen, in dem das NEUE schon heute in seinem ganzen Potenzial präsent ist. Dieser Ort hat die Kraft, den neuen Impuls in die Welt auszubreiten.

Als symbolisches Bild können wir uns diesen Ort als DEN Knopf vorstellen, auf den man drücken kann, damit der Prozess für die Entfaltung des Neuen beginnt.
Das zeigt, wie bedeutsam dieser Ort für die Entwicklung von uns Menschen und der Welt ist!

Ein wahres Wunder!

Die Kraft des gesamten Ortes

Der Weg in das Neue

Die wahre tragende Kraft des Neuen ist die HERZENSREINHEIT.

Damit ist die seelische Reinheit gemeint, die wir nicht vorspielen können, die wir nicht erzwingen können, die wir auch nicht von heute auf morgen erringen können. Sie wächst, reift und entsteht auf dem Entwicklungsweg der Seele.
Sie ist die Hauptfärbung eines Menschen, weil sie die Güte des Herzens zum Ausdruck bringt. Und genau das ist es, was uns bei einem Menschen berührt oder eben kalt lässt.

„Wie weit hast Du Deine seelischen Hürden, die Schwere und die Last schon durchleuchtet und durchlichtet? Wie weit hast Du Dich schon mit Deinem eigenen Schatten konfrontiert?

NEIN, nicht um Dich selbst zu erniedrigen, nicht um auf Deine eigene Schuld mit dem Finger zu zeigen, nicht um Dich schuldig zu fühlen, sondern um Deine Seele zu BEFREIEN.

Jede Seele tendiert zu Reinheit, weil das die wahre Natur der Seele ist. Jede Seele möchte frei von Lasten und inneren Hürden sein. Jede Seele möchte das Wahre leben – und dafür muss sie tief im Inneren erst frei werden. Wahre geistige Entwicklung, wahrhaftiges spirituelles Wachstum bedeuten heute, die alten seelischen Lasten zu verwandeln. Der Weg in das Neue führt zuerst noch tiefer in das Alte, damit wir die Möglichkeit bekommen, uns selber im Kern zu begegnen und dadurch in der Lage zu sein, uns in den tiefsten Schichten zu befreien, zu reinigen."

Der Prozess, in dem wir als Menschen gerade stehen, führt uns zunächst in die Dunkelheit. Dabei geht es nicht um die Dunkelheit selbst, es geht nicht darum, sie noch einmal zu erleben. Symbolisch könnten wir es so ausdrücken:
Es geht darum, sich selbst aus der Dunkelheit zu holen, zu befreien.

Durch die Entwicklung, durch welche wir als Menschheit gegangen sind, haben wir als Seelen auch die dunklen, schattigen und unreinen Aspekte in uns selbst erlebt, zum Ausdruck gebracht und ausleben müssen. Das war notwendig und unausweichlich für den Wachstumsprozess der Menschheit. Da wir als Seelen die Dunkelheit erlebt haben, haben wir andern und uns selbst Wunden und seelische Schmerzen zugefügt, die jetzt, in dieser Zeit des Übergangs, heilen wollen, sich reinigen und wandeln dürfen.

Das können wir nicht mit oberflächlichen Prozessen erledigen, sondern dies verlangt von uns als Seele, dass wir in die tiefsten Tiefen eintauchen. Diese Befreiung geschieht nämlich in den innersten Räumen des Kerns und dadurch auch im Kern der Zellen auf der körperlichen Ebene.

Wenn wir dafür ein etwas übertriebenes Bild nehmen dürfen: die Zeit ist gekommen, dass wir die eigene Seele aus der Hölle befreien.
Ursprünglich verkörpert die Seele pure Reinheit. Sie kennt nichts anderes als die Reinheit der Wahrheit. Durch die Lebenserfahrungen, die eine Seele in unterschiedlichen Konstellationen und Situationen macht, und durch die Erlebnisse in unterschiedlichen Erdenleben formt sich die Seele. Vom Weg, den sich die Seele ausgewählt hat, und all den unterschiedlichsten Erfahrungen hängt es ab, wie weit die Seele ihre ursprüngliche Reinheit behalten hat, wie weit sie sich von der Reinheit entfernt hat oder sogar wie weit sie die Erinnerung an diese ursprüngliche Reinheit verloren hat. Und der Grad der erhalten gebliebenen Reinheit zeigt, wo eine Seele in ihrer geistigen Entwicklung steht, oder anders gesagt, wie weit die Seele ihrer wahren Natur treu geblieben ist, treu bleiben konnte.

Egal, wie weit die Seele heute von der seelischen Reinheit entfernt ist, haben wir zurzeit alle die gleiche Möglichkeit und Chance, uns selbst aus dem „Schlamm" der dunklen Erfahrungen zu retten und zu befreien. Jeder Mensch, jede Seele, egal wie tief sie gefallen ist, kann jetzt diesen Weg der inneren Reinigung gehen. Aber dafür braucht es eine innere Bereitschaft und eine Entscheidung.

Heute sind wir Zeugen eines sehr dramatisches Geschehens. Das Tor in die Tiefen ist weit geöffnet, damit wir diesen reinigenden Prozess auf persönlicher, aber auch auf kollektiver Ebene durchleben können. Und genau das nutzen momentan die Kräfte und Mächte der Dunkelheit aus, die gegen das Wachstum und die Entwicklung sind, die nicht möchten, dass die Herzensreinheit das Steuer übernimmt. Sie versuchen uns Menschen in die Dunkelheit zu ziehen, sie zerren an uns und versuchen uns mit allen Mitteln zu locken, damit wir ihre Natur der Dunkelheit übernehmen – damit wir in das Spiel des Bösen, wenn wir so sagen dürfen, einsteigen. Was sie versprechen und anbieten, scheint natürlich sehr verlockend.

Und genau an diesem Punkt zeigt sich die geistige Reife einer Seele, wenn sie in der Lage ist, eine solche Verführung zu erkennen und der eigenen Natur der Seele treu zu bleiben.

Dadurch, dass momentan das Tor in die Dunkelheit für unsere Verwandlung so offen steht, kann schon jede kleinste Seelenunreinheit, jede innere Unklarheit, jede kleinste Schwäche genügen, um tiefer in die Dunkelheit gezogen zu werden. Gerade in dieser Zeit, in der wir für unseren momentan so essenziellen Wachstumsprozess den Raum, die Geborgenheit und die Offenheit brauchen, werden wir durch diese dunklen Kräfte zusätzlich herausgefordert, auf eine Art und Weise noch tiefer geprüft und können dadurch eine noch stärkere Klarheit gewinnen.

Es ist so wichtig, dass wir uns davon nicht zu sehr stören lassen und unserem tiefen Befreiungsprozess folgen.

„Lass Dich nicht verunsichern und erlaube diesen Kräften schon gar nicht, Dich mithilfe Deines eigenen Schattens zu erpressen. Jede Seele hat gewisse dunkle oder verdunkelte Flecken. Aber sie sind nicht so tief in die Seele eingeprägt, dass Du sie nicht heilen, klären und wieder durchlichten könntest. Vertraue Deinem eigenen Weg und glaube an die eigene seelische Herzensreinheit. Sie ist die einzige wahre Führung auf diesem Weg durch die Dunkelheit. Sie kann Dich nicht täuschen, sie wird Dich nicht in die Irre führen, Du kannst Dich immer auf sie verlassen.

Lehne Dich an mich und lasse Dich von der Reinheit des Lebens, die in mir ruht, berühren. Spüre Deine Bereitschaft, in die tiefe Dunkelheit zu schauen, um befreit zu werden, und Du wirst es selber erleben.

Bleibe aber, bitte, nicht zu lange in der Dunkelheit – Du darfst in der Dunkelheit nie so lange bleiben, dass sich Deine inneren Augen an die Dunkelheit gewöhnen! Vor allem solltest Du dabei nicht vergessen, dass Du auf Deinem Seelenweg dem Licht folgst.

Traue Dir zu, in die Dunkelheit zu gehen, tue es aber mit der inneren Gewiss-heit, dass Du selber stärker als die Dunkelheit bist. Wenn Du das nicht spüren kannst, dann bist Du nicht bereit, der Dunkelheit zu begegnen. Dann warte lieber, sammle die Kraft und übe, Dein eigenes Licht zu sehen. Gehe nicht in die Tiefen der Dunkelheit, wenn Du nicht weißt, dass Du selbst der Gewinner bist. Es kann zurzeit wirklich gefährlich werden, wenn Du Dich unvorbereitet und innerlich geschwächt auf diesen Weg begibst.

Wenn Du den Schritt in die Dunkelheit wagst, dann erinnere Dich, dass Du nicht alleine bist. Lasse Dich von der Herzensvernetzung tragen, in der Du mit anderen Menschen stehst. Es ist ganz wichtig, dass Du Dich nicht alleine fühlst und dass Du weißt, dass viele sichtbare und unsichtbare Wesen zu Dir und zu Deinem Licht stehen. Du bist NIE alleine.

Lehne Dich an mich und spüre den tiefen Lebensimpuls, der in mir schlägt. Berühre mich und spüre, dass wir im Licht verbunden sind. Wenn Du dem Herzenslicht folgst, kannst Du nicht alleine sein. Wenn Du Dich alleine fühlst, dann hast Du Dein Licht vergessen, vernachlässigt oder Du willst es nicht sehen. Wenn Du das Licht spürst, dann bist Du nicht alleine!! Erinnere Dich an diesen Satz, wenn Du Dich das nächste Mal alleine fühlst."

Wie können wir wissen, dass wir der Reinheit der Seele folgen?

„Lehne Dich mit Deinem Rücken an mich, schließe Deine Augen und stelle Dir vor, dass Du einen Purzelbaum rückwärts in mich hinein machst. Denke nicht, sondern überlasse die Führung mir.
Wenn Du Dich wirklich mir übergeben kannst und dabei tiefe Freude und innere Wärme spüren kannst, dann kannst Du sicher sein, dass Du mit Deinem wahren Wesen verbunden bist.

Lasse Dich noch ein Stück tiefer von mir tragen und spüre, was in Deinem Inneren dabei geschieht. Wirst Du innerlich weiter und offener, oder merkst Du Deine eigenen Grenzen noch mehr und spürst eine gewisse Unsicherheit hochkommen?

Wenn Du in Deinem eigenen Kern zuhause bist, dann wird Dich die Begegnung mit mir in diesem Gefühl noch stärken. Wenn Du Dich aber von Dir selbst entfernt und sogar entfremdet hast, dann wird es Dir unheimlich sein, in meinem Kern zu sein, weil Du Dein Eigenes nicht mehr wahrnehmen und beleben kannst."

Als Seele und auch als inkarnierter Mensch sind wir auf die Verbindung mit unserem Wesenskern angewiesen. Im Kern ist unsere wahre Natur, unsere tiefe innere Wahrheit eingeprägt und gespeichert. Hier entsteht unsere Lebensfärbung, die uns als Mensch ausmacht. Unser Lebensweg wird aus diesem tiefsten Kern gesteuert. In diesem tiefen inneren Raum entsteht der Lebensnektar, mit dem wir selber genährt werden und den wir auch als unseren persönlichen Beitrag in die Welt bringen.

Je mehr wir es schaffen, das eigene wahre Wesen zu leben, umso stärker wird es strahlen können. Wenn es strahlt, dann sind wir und unser ganzes Leben erfüllt. Wenn wir erfüllt sind, heißt es, dass wir tief in unserer Seele zufrieden sind, und dann können wir unsere Wahrheit auch wirklich leben und in die Realität bringen.

Sind wir hingegen mit unserem wahren Kern nicht verbunden, trocknen wir aus, wir sind dann nicht genährt. Wenn wir innerlich hungrig sind, dann können wir nicht strahlen, wir können nicht geben, was wir als Seele tragen und wofür wir auf die Erde gekommen sind. Wenn wir unsere eigene Farbe des Lebens verlieren, dann werden wir immer blasser, tief in uns enttäuscht und unglücklich über uns selbst, das Leben und die Welt. Je tiefer wir in einen solchen inneren Zustand fallen, umso weniger können wir uns selbst sein – und da beginnt der Verlust der Seelenreinheit. Können wir unser eigenes Wesen nicht zum Ausdruck bringen, beginnen wir im Äußeren zu suchen. Wir suchen nach etwas, womit wir uns identifizieren können und was wir als Ersatz für das Verlorene nehmen können. Ohne es wirklich zu merken, beginnen wir etwas Fremdes als das Eigene zu erklären und zu leben.

Damit verlieren wir uns selbst. Dadurch verlieren wir aber auch unsere wahre Natur. Und es wird immer schwieriger, weil wir immer weniger merken, was mit uns geschieht, weil wir wie fremd gesteuert sind.

Der Seelenreinheit zu folgen, ist nichts Pompöses, es gibt uns ein Gefühl der Ruhe. In dem Augenblick, in dem wir den Drang spüren, nach außen verkünden zu müssen, wie lauter wir sind und wie sehr wir aus reiner Absicht handeln, sind wir wahrscheinlich dabei, den Zugang zu unserem eigenen Kern zu verlieren, oder wir haben ihn schon verloren.

Folgen wir nämlich unserer Natur, müssen wir das gar nicht groß verkünden, weil es so natürlich ist für uns als Seele, dass wir es gar nicht merken. Die innere Reinheit und unsere Natur können dann durch unsere Taten für sich selbst sprechen und wirken. Wenn wir sie aber verloren haben, oder dabei sind sie zu verlieren, dann versuchen wir uns selbst zu retten und denken, dass wir darüber sprechen müssen, um die anderen, vor allem aber uns selbst zu überzeugen.

Die Reinheit, von der hier die Rede ist, ist nicht die oberflächliche Reinheit, wie z.B. welche Gedanken wir haben und welche Worte wir benutzen. Es geht um den Kern der Seele und dabei um die Reife der Seele.

Folgen wir der Reinheit der Seele und leben sie, entsteht in uns ein zufriedenes, ruhiges, stabiles Gefühl. Es ist eine tiefe Seelenzufriedenheit, die unabhängig ist von unserem Bankkonto, der Arbeitsstelle oder dem Auto, das wir fahren.

Es ist eine Herzensfreude, die uns als Grundgefühl im Leben begleitet und die nicht bei jedem kleinsten Misserfolg oder Unglück gleich erschüttert wird. Es ist ein zutiefst tragendes Lebensgefühl, eine tiefe Ruhe, die wir mit unserem Wesen auch ausstrahlen.

 „Wenn Du mich innerlich anschaust und Dich mit mir über die Schönheit des Lebens freuen kannst, wenn Du mit mir über Dich selbst lachen kannst, wenn Du die Augen schließen kannst und die tiefe Ruhe wahrnehmen und wirklich genießen kannst, dann kannst Du Dir sicher sein, dass Du die Reinheit der Seele spürst und ihr folgst."

Hilfe, um sich für diese Botschaft noch weiter zu öffnen

Was ist der Schlüssel für das Neue?

„Komme näher zu mir. Schließe die Augen und stelle Dir vor, dass Du mich in Dich selbst aufnimmst. Spüre dabei, wie sich meine Kraft in Dir und durch Dich ausdehnt. Erlebe Deinen eigenen Raum dadurch. Was spürst Du? Was berührt Dich? Kannst Du die Ewigkeit wahrnehmen? Kannst Du sie in Dir erleben? Kannst Du sie in Deinen Gedanken spüren? Übergib Dich diesem Gefühl. Atme mit mir und durch mich. Lasse zu, dass Dich mein Atem mitnimmt. Je mehr Du loslassen kannst, umso stärker wird Dich mein Atem in Dir berühren können. Denke nicht, überlege nicht. Ich werde Dich führen."

Am besten würden wir dem Neuen begegnen können, wenn wir unsere Vorstellungen loswerden könnten. Sie stehen uns im Weg – weil wir uns dadurch auf etwas Bestimmtes fixieren, sind wir nicht frei. Wenn wir aber nicht frei sind, werden wir uns sehr schwer tun, in das Neue einzutreten. Die innere Freiheit ist der Schlüssel.

Auch hier ist nicht nur die äußere Freiheit gemeint, sondern eine tiefe seelische Freiheit. Oft verwechseln wir das Gefühl der äußeren Freiheit mit der wahren Freiheit der Seele. Wir können im Äußeren frei wie ein Vogel sein, aber wenn wir als Seele in unseren tiefsten Schichten nicht befreit und wirklich frei sind, hilft uns das nicht beim Übergang in das Neue.

„Wisst Ihr überhaupt noch, was es bedeutet, frei zu sein – wirklich FREI? Wie wäre es, wenn Du versuchst, einen Tag, na ja, vielleicht für den Anfang nur ein paar Stunden, Dir alle inneren und äußeren Regeln bewusst zu machen, die Du befolgst? Betrachte dabei, wann Du in Deinen eigenen Gedanken, Vorstellungen, Ängsten, Erwartungen gefangen bist und wann Du wirklich frei bist. Werde Dir bewusst, was in Dir Dich führt. Was sind die inneren Stimmen, die Dir Befehle geben, die Dich steuern, die Dich kritisieren, die Dich klein machen, die Dich verführen wollen...? Merkst Du, spürst Du dabei noch die innere Wärme, die innere Kraft, das Leben in Dir, die Schönheit Deiner Seele und das Licht, das Deinen inneren Raum ausfüllt? Bist Du in Deinem Wesen wirklich FREI?

Spüre mich noch einmal in Dir und lasse Dich noch tiefer berühren. Ich halte Dich, Du bist sicher, wenn Du meine Kraft in Dir spüren kannst. Es kann Dir nichts passieren, was Dich verletzen könnte. Vertraue mir.“

Als Menschheit haben wir unsere innere Freiheit für unseren äußeren Wohlstand geopfert. Wenn wir unseren momentanen Entwicklungsweg betrachten, dann können wir sehen, wie wir uns als Menschheit Schritt um Schritt innerlich versklaven, um äußeren Normen, Erwartungen, Vorbildern zu genügen.

Es ist ein trauriges Bild, wenn man in der Lage ist, alle diese wunderbaren, reinen und hochentwickelten Seelen zu sehen und dann zu erleben, wie sie sich verkaufen, wie sie auf die Knie gehen, um dem heutigen System zu genügen, wie sie benutzt und sogar missbraucht werden. Es ist fast unerträglich zuzuschauen, wie den enorm reifen, reinen und hoch begabten Seelen, die sich zurzeit auf der Erde inkarnieren, mit allen möglichen Mitteln die Flügel gestutzt werden, wie sie gezwungen werden, sich an das aktuelle System anzupassen, wie sie in ihren Seelen richtiggehend gequält werden, wenn sie nicht bereit sind, ihre innere Freiheit abzugeben. Wir sind Zeugen eines kriminellen Geschehens. Das dürfte nicht passieren!

Diese Seelen kommen auf die Welt, um das Neue anzukündigen, um den Zugang zum Neuen zu öffnen, um anderen zu helfen und sich an das Neue anzuschließen. Diese Seelen haben den Schlüssel, um all dies zu tun. Der Schlüssel ist die Freiheit. Und was tun wir? Wir verstehen es als unsere persönliche Herausforderung, diese Weite, die uns in den heutigen Kindern begegnet, zurückzudrängen und sie in den Rahmen der bekannten Normalität zu steuern, sie nach alten Mustern zu erziehen und sie dadurch in ihrem Kern zu verändern. Manchmal sind wir Menschen wirklich blind; statt von den reifen Seelen zu lernen, denken wir, dass wir sie belehren müssen, wie man sich in dieser Welt zu benehmen hat.

Sie bringen uns die Möglichkeit, die weite Freiheit des Neuen zu kosten und uns an diese Freiheit anzuschließen, aber wir denken, dass wir schlauer sind und dass wir mehr über das Leben wissen, und dadurch verpassen wir, die wichtige Botschaft der neuen Kinder aufzunehmen.
Auf dieses wichtige Thema kommen wir noch zurück, weil es wirklich schmerzlich ist, wie wir uns benehmen.

Wir denken, dass wir durch die heutige Technologie immer freier werden, dass wir immer freier über uns selbst, unser Leben entscheiden können, dass wir in einer demokratischen und freien Gesellschaft leben, die unsere Persönlichkeit unterstützt, dass wir im Vergleich zu den Menschen vor 100 Jahren viel Freiheit gewonnen haben. Aber ist das wirklich so? Haben wir nicht gerade unsere wahre innere Freiheit verloren?

„Betrachte zum Beispiel Deine eigenen Gedanken – bist Du wirklich frei? Bist Du im Inneren noch stark genug, um Dich von allen aggressiven Einflüssen, die Dich bei jedem Schritt verfolgen, zu befreien? Es ist ein wahrer Kampf, den Du ständig führen solltest, um frei zu bleiben. Schaffst Du das? Kannst Du Deine Präsenz so klar und wach bewahren, dass Du Deinen Raum rein und gesund halten kannst?

Spüre Dich in mir und gehen wir einen Schritt weiter, weil das zu traurig ist, um weitere Worte darüber zu verlieren.

Es ist zurzeit möglich, dass wir uns tief im Innern befreien. Dafür werden wir natürlich von außen keine Unterstützung bekommen, aber eine solche braucht man auch nicht wirklich. Die geistige Welt, geistige Dimensionen stehen zur Verfügung und sie tun alles, um Dir zu ermöglichen, in dieser engen Situation, die gerade herrscht, Deinen eigenen Weg zu finden.

Es nützt Dir nichts zu klagen, wie die Welt geworden ist, wie unsere Beziehungen zueinander geworden sind, wie die Menschen geworden sind, wie die Nachbarn sind.
Es gibt die Möglichkeit, innerlich frei zu werden, und das ist das Wichtigste, weil Du sonst in Deiner Entwicklung nicht weiterkommen kannst.

Schließe, bitte, Deine Augen noch einmal und spüre nichts anderes als das Licht, das Dich durch mich gerade erreicht. Öffne bewusst Dein Herz und folge mir.

Bitte Deine Seele, Dich ganz in das Innerste zu führen. Du musst nicht wissen, wie das geht, übergib Dich und nimm wahr, was geschieht. Kannst Du das Licht im Inneren sehen? Kannst Du es spüren? Welche Lichtfarbe begegnet Dir als erste? Was für ein Gefühl begleitet sie? Kannst Du es innerlich sehen?

Wovon wird das Licht gespeist? Was braucht Dein Licht, um strahlen zu können? Wann wird das Licht am stärksten?

Verweile in diesem Lichtgefühl, eile nicht. Es ist ganz wichtig, dass Du Dir täglich die Zeit nimmst, um Dein Licht zu spüren, zu fühlen, zu bewundern, weil Du es damit nährst. Das ist ganz wichtig in diesen dunkeln Zeiten, in denen wir uns zurzeit befinden. Du solltest Dein Licht nicht vernachlässigen, Du solltest es auf keinen Fall vergessen, weil sonst die Gefahr besteht, dass Du es innerlich verlierst, oder besser gesagt, dass Du den Zugang zum eigenen Licht verlierst. Dein Licht kannst Du am besten schützen, indem Du ihm immer neu begegnest und indem Du es neu belebst. Und das kannst Du nur durch Deine Aufmerksamkeit und durch Dein Bewusstsein tun.

Anschließend schauen wir weiter und bitten Deine Seele, dass sie Dir zeigt, was Dein Licht am meisten beschränkt, einengt oder sogar beschattet. Nimm Dir Zeit dafür und gehe Schritt für Schritt durch alle Deine inneren Räume, um in der Tiefe begreifen zu können, was Dich zutiefst im Inneren unfrei macht. Und eins kann ich Dir sagen, kein Mensch ist zurzeit wirklich frei, so kann jeder etwas finden.
Es ist zurzeit wirklich essenziell, sich tief im Inneren zu befreien und das auf allen unterschiedlichen Ebenen. Deswegen bitte ich Dich: Nimm Dir Zeit!"

Wir sollten uns bewusst werden, dass wir als Seele ein langes Leben leben – wir sollten lernen, uns als Seele nicht nur in dem Rahmen des jetzigen Lebens zu betrachten. Auch wenn wir heute höchst wahrhaftig, gesund, gewissenhaft, rein und liebevoll leben, heißt das noch nicht, dass wir frei von allen alten Geschichten sind. Als Seele sind wir nicht begrenzt, das bedeutet, dass auch zeitliche und räumliche Begrenzungen für uns als Seele nicht gelten. Das heißt aber auch, dass die Begrenzung auch für die Verletzungen, Wunden, die wir selbst erlitten und auch andern zugefügt haben, nicht gilt. Unser seelischer Körper trägt in sich die Erinnerungen an alles, was wir je als Seele erlebt haben – nicht nur an das, was im aktuellen Leben geschehen ist.

Viele werden jetzt wahrscheinlich sagen: „Und jetzt landen wir schon wieder beim Thema Karma. Wird es nicht endlich mal Ruhe geben damit? Können wir die Vergangenheit nicht endlich ruhen lassen und einfach nur nach vorne schauen?"

Das stimmt, aber leider können wir nicht frei nach vorne schauen, wenn wir so viel Last auf dem Rücken tragen und so viel alter Ballast um uns herum liegt, dass wir gar keine freie Sicht haben können. Das kann man sich bildlich vorstellen: Man möchte nur noch nach vorne blicken und vorwärts gehen, aber man hat so viel Kram um sich herum, dass man gar keinen freien Blick mehr hat und so zugemüllt ist, dass man sich kaum noch frei bewegen kann... Das wäre eine Karikatur wert.

Übertragen wir dieses Bild auf das Innere, dann wird uns klar, dass wir den inneren Raum nicht rein, klar, sauber bekommen können, ohne dass wir erst mit den uralten Geschichten ins Reine kommen. Es ist eine Illusion zu denken, dass wir das Alte von jetzt auf gleich einfach vergessen können, als hätte es nie existiert.

Das jetzige Leben ist eine momentane Realität, doch aus der Tiefe wirkt die Seele, die viel älter ist als unser physischer Körper, in die Gegebenheiten unseres heutigen Lebens hinein.
Vielleicht hilft dieses einfache Bild: Wenn sich uns ein Dorn in den Finger gebohrt hat, genügt es nicht, die äußere Wunde zu versorgen, sie zu pflegen und zu heilen, denn der Dorn im Inneren ist ja immer noch da. Im Inneren des Fingers wird der Dorn immer wieder und immer mehr eitern, und die wirkliche Heilung wird immer schwieriger. Erst wenn wir den Dorn herausziehen, wird wahre Heilung möglich sein. Wenn wir einen Dorn im Finger haben, hilft uns auch nicht, wenn wir uns selbst mit allen Mittel zu überzeugen versuchen, dass da kein Dorn ist – er wird damit nicht weggezaubert. Es braucht eine konkrete Handlung, und genauso ist es mit den alten Geschichten, die wie Dornen unsere Seele nicht zur Ruhe kommen lassen.

Wir sind als Menschheit in eine Situation gekommen, in der wir handeln müssen. Es bleibt keine Zeit mehr zum Träumen und sich Illusionen hinzugeben. Wir brauchen konkrete Schritte, konkrete Handlungen, die eine ganz konkrete Auswirkung haben, und das nicht nur auf uns persönlich, sondern auch auf die kollektive Ebene und auf die Welt bezogen.

Als Gesellschaft, als Menschheit tragen wir viele unverarbeitete, unverdaute und belastende Erfahrungen und Erlebnisse mit uns. Sie ziehen uns zu stark zurück. Mit diesen Lasten können wir nicht frei werden. Wir können nicht so tun, als ob unsere menschliche Geschichte nichts mit uns hier und heute zu tun hätte. Hier ein konkretes Beispiel: Wir sind alle entsetzt, was die Nazis im Zweiten Weltkrieg getan haben, betrachten sie dabei aber als Personen, die mit uns persönlich nichts zu tun haben. Aber ist das wirklich so? Sind wir wirklich unbeteiligt und sind wir unberührt von diesen Blutflecken? Als Menschen sind wir Teil eines so eng verflochtenen Gewebes, dass wir uns nicht so einfach herausnehmen können.

Wir sind als Seelen auf energetischer Ebene sozusagen ein Körper. Natürlich sind wir Individuen und natürlich ist jeder für seine eigenen Taten verantwortlich und natürlich haben wir nicht eine kollektive Seele und so weiter, ABER wir sollten uns doch mehr und mehr als Teil eines Seelenraums betrachten, in dem das kollektive Geschehen uns alle betrifft. Wir sind vielleicht nicht mitverantwortlich für das, was im Zweiten Weltkrieg geschehen ist, die Folgen tragen wir aber trotzdem auf der kollektiven Ebene mit. Damit sind wir auch mitverantwortlich und verpflichtet mitzuhelfen, dass die Verletzungen, dass die Wunden heilen können. Es ist an uns allen, nicht nur an den Seelen, die konkret involviert waren, solche Verletzungen zu heilen.

Es ist an der Zeit, dass wir aufhören, nach den Schuldigen zu suchen für das, was im persönlichen Bereich und auf der kollektiven Ebene geschehen ist. Wir sollten aufhören, jemanden zu suchen, auf den wir mit dem Finger zeigen können, aufhören, jene zu suchen, von denen wir glauben, dass sie für unser Leid und Unglück die Schuld tragen. Das bringt nichts. Die Versöhnung geschieht schon längst nicht mehr nur in der „Eins-zu-eins"-Auseinandersetzung. Diese Zeiten sind längst vorbei. Die Verstrickungen sind durch die lange Geschichte, durch welche wir als Menschheit bereits gegangen sind, zu eng verknotet, als dass es möglich wäre, sie auseinander zu halten und dabei den Überblick zu behalten. Wieder ein konkretes Beispiel: Die Geschichte einer Person, die im Zweiten Weltkrieg in einem Konzentrationslager gestorben ist, ist grausam, unerträglich und unakzeptabel, aber wie können wir wissen, was diese Seele in einer anderen Inkarnation getan hat, so dass sie solche Erfahrungen machen musste? Wie können wir wissen, in was für seelischen und karmischen Verstrickungen sie mit anderen Seelen steht, die ihr in diesem konkreten Leben körperlichen und seelischen Schmerz zugefügt haben? Unser normaler menschlicher Blick ist zu eng und zu beschränkt, als dass wir urteilen und verurteilen könnten.

Dabei muss klar festgehalten werden: Das heißt natürlich auf keinen Fall, dass alles erlaubt ist, dass es keine persönliche Verantwortung gibt. Mitnichten!!

Auf der persönlicher Ebene wird jeder mit der eigenen Geschichte konfrontiert, egal auf welcher Seite man gestanden ist. Jeder wird mit den eigenen Taten umgehen müssen, um die eigene Geschichte, die Wunden, die Vorwürfe und den Schmerz zu verarbeiten und das alles zu heilen, um frei zu werden.

Es gibt aber auch die Ebene, wo wir als Menschheit einen gemeinsamen seelischen Raum bilden, und daher können wir nicht mehr wie Kinder agieren, die im Sandkasten spielen und einander auf den Kopf hauen, wenn ihnen etwas nicht passt. Wir tragen auf dieser Ebene gemeinsam Verantwortung, wir tragen zusammen die Schmerzen und wir teilen die Freuden. Es ist an uns, gemeinsam die Verletzungen zu heilen, um den Raum wieder zu reinigen, zu beleben und zum Strahlen zu bringen. Wir sind alle, als Menschen, beteiligt und alle tragen mit.

Wir können uns nicht heraushalten mit der Ausrede, dass wir nichts damit zu tun haben. Wenn ein Gewässer irgendwo auf der Erde durch eine Verschmutzung zerstört wird, sind wir mitverantwortlich für diese menschlichen Taten, auch wenn wir auf der anderen Seite des Planeten leben.
Man spricht so viel über die Globalisierung. Sie existiert sichtbar auf der materiellen Ebene, sie lebt aber auch auf der energetischen, seelischen Ebene. Wir wollen gerne mit der ganzen Welt vernetzt und verbunden sein, wollen aber auf anderen Ebenen keine Verantwortung übernehmen. Das geht jetzt nicht mehr!

Die persönliche Befreiung und die innere Freiheit sind wichtig und ein notwendiger Schritt für den Übergang in das Neue, aber sie gehen Hand in Hand mit dem kollektiven Prozess der Befreiung. Das macht natürlich diesen Prozess nicht einfacher, aber es geht leider nicht anders.

Was können wir tun? Wenn man uns Menschen betrachtet, könnte man denken, dass wir immer weniger verbunden sind, dass immer mehr jeder mit seinem eigenen Leben so beschäftigt ist, dass gar nicht mehr der Raum da ist, um sich zu vernetzen. Man könnte meinen, dass die Menschen immer mehr nur für sich schauen, dass das Gefühl der Gemeinschaft immer dünner wird – aber das stimmt nur äußerlich gesehen. Im Inneren und auf den unsichtbaren Ebenen bildet sich ein neues Netz, ein Raum, der uns mehr denn je verbindet. Deswegen entstehen in den Kreisen mit dem entsprechenden geistigen Hintergrund immer neue Vernetzungen, neue Gemeinschaften, neue Strukturen. Es ist so viel möglich.

Die Aussage: „In der Verbundenheit liegt die Kraft", wird immer wahrer und vor allem immer wichtiger.

Das Kollektive steht zurzeit sehr im Vordergrund; deswegen sind wir auch so genervt, wenn wir sehen, was in der Welt an Ungutem geschieht. Es betrifft uns auf eine andere Art und Weise als bis jetzt. Als Seele wissen wir nämlich, dass wir alles mittragen müssen und auch mitausbaden müssen. Es landet immer mehr auch auf unseren Schultern als Last, die uns trifft, betrifft und bedrückt.

Umso dringender ist es, dass wir unseren persönlichen Weg finden, wie wir damit umgehen können, weil wir andernfalls zu sehr darunter leiden. Wir sind zwar mit allem verbunden und an allem mitbeteiligt, aber wir sollten das kollektive Verschulden nicht als persönliche Last auf uns nehmen. Das ist nicht der Weg der Befreiung!

Wie können wir mittragen und uns selbst dennoch damit nicht überfordern?

Der Weg der inneren Befreiung kann nur in uns, auf der persönlichen Ebene geschehen. Das bedeutet, dass wir auch jetzt in dieser Zeit der Veränderung weiterhin, vielleicht aber noch intensiver und vertiefter, jene Stellen in unserem seelischen Raum aufsuchen, wo sich die Verstrickungen, die Verletzungen, der Schmerz, die ungesunden Muster, die Erinnerungen und Geschichten finden, die uns an das Alte in uns binden. Damit wir alles finden, was uns im Inneren unfrei macht, und wir uns auf der Seelenebene damit beschäftigen, uns als Seele immer mehr vom Alten zu befreien.

Wir sollten uns aber dabei bewusst sein, dass wir mit allen unseren Geschichten mit den anderen und mit dem Kollektiven verbunden und vernetzt sind. So können wir die Impulse für die Wandlung und Erlösung auch in das Kollektive und Überpersönliche geben.

Betrachten wir die ganze Weltsituation, ist es schwer, sich vorzustellen, dass eine kollektive Befreiung und Veränderung überhaupt möglich ist. Zurzeit befällt uns eher das Gefühl, dass wir immer tiefer fallen, dass die Werte immer mehr an Kraft verlieren, und so ist es schwierig zu glauben, dass wir mit den heilenden Impulsen irgendetwas bewirken können.

„ABER wenn ich Euch als Menschheit betrachte, dann kann ich Euch versichern, dass jede kleinste wohltuende Bewegung zurzeit große Wirkungsringe in dem kollektiven Raum verursacht und sichtbare Spuren hinterlässt. Die große Intensität ist auf allen Seiten, in allen Richtungen und auf allen Ebenen präsent und nicht nur dort, wo ihr etwas als belastend und unschön in der Welt sehen könnt.

Es ist so viel Bewegung da, es sind so viele geistige Kräfte involviert, es wurden so starke heilende Kräfte aktiviert. Die Zeit ist reif und Ihr seid nicht alleine."

Wo entsteht das Neue?

„Lehne Dich innerlich an mich und lasse zu, dass ich Dich mit meiner Kraft ausfülle und Dich in mich aufnehme. Werde mit mir die große Kugel. Denke nicht, überlege nicht, wie das funktionieren sollte, ich werde Dich halten.

Kannst Du die innere Wärme in Dir spüren, kannst Du das innere Licht erleben, kannst Du die Freiheit der Gedanken wahrnehmen, kannst Du die innere Leichtigkeit bemerken, kannst Du spüren, wie Dein Atem ruhig geworden ist?

Bleibe eine Weile in diesem Gefühl, lasse Dich tragen. Lasse Dich von der Kraft des Neuen berühren. Wenn Du einmal tief im Herzen davon bewegt bist, wirst Du die innere Ausrichtung für immer halten können, Du wirst sie nie mehr verlieren können.

Das Neue bildet, entfaltet sich überall, Du kannst es nur erst dann sehen, wenn Du selber in diesem Prozess des Neuen stehst."

Die Entstehung des Neuen geschieht in den tiefsten Zellen des Kerns, deswegen kann es nur von innen her erlebt werden. Wir können diesen Prozess, wenn wir nicht daran teilnehmen, nicht erkennen, nicht wahrnehmen und auch nicht betrachten. Natürlich ist es ein sichtbarer Prozess, aber wenn wir selber nicht bereit sind, das Neue in uns entstehen zu lassen, dann können wir nicht davon berührt werden und so wird dieser Prozess für uns nicht spürbar.

Das Neue entfaltet sich recht unauffällig, still und ruhig im Inneren, verursacht aber große Bewegungen, tiefe Veränderungen, eine extreme Wandlung bis zum großen Chaos. Der kleine Keim im Inneren muss sich den Raum schaffen, um wachsen und sich entfalten zu können. Die Kraft des Neuen ist viel größer, deswegen kann sich das Neue nicht einfach nur im alten Raum ausdehnen. Er ist zu eng, zu klein, zu belastet, zu beschränkt, zu bestimmt und zu unfrei, um die Reinheit des Neuen ertragen und aufnehmen zu können. Darum ist eine komplette Erneuerung notwendig. Wenn wir uns das vor das innere Auge führen, dann wird uns auch klar, was das für unser Leben bedeutet. Es bedeutet nämlich eine tiefgehende und vor allem eine alles betreffende Umpolung.

Der Schritt in das Neue ist zwar nicht mit einer Krankheit zu vergleichen, aber er löst in uns eine ähnliche Dynamik aus. Wenn wir zulassen, dass das Neue in uns einen Platz findet, bedeutet das für uns eine innere Revolution. Und das ist ähnlich der Situation, wenn wir erfahren, dass wir ernsthaft erkrankt sind und unser Leben komplett umkrempeln müssen, wenn wir wieder gesund werden möchten.

In uns sollte diese innere Haltung entstehen: Wir sind bereit, alles in unserem Leben auf den Kopf zu stellen, uns nichts zu ersparen, wir sind willens, alles, worauf wir unser Leben aufgebaut haben und woran wir bisher geglaubt haben, neu zu überprüfen und letztendlich alles, was nicht mehr stimmt, zu verwerfen. Es sollte eine solche Offenheit entstehen, dass nichts mehr festgelegt ist, was bis jetzt im Inneren bestimmt war. Alles sollte so frei werden, dass es in jedem Augenblick neu definiert, verändert, auf den Kopf gestellt werden kann.

Als Bild könnte man sich ein Haus vorstellen, bei dem alle verbindenden Elemente auf einmal weg sind – sogar zwischen den einzelnen Ziegelsteinen. Das bedeutet, dass dieses Haus total instabil ist und jeden Augenblick zusammenbrechen kann. Es heißt aber auch, dass nach dem Zusammenbruch alles wieder neu geordnet, neu bedacht, neu strukturiert, neu verstanden und vor allem NEU zusammengebaut werden kann. Es kann daraus eine Katastrophe oder eine großartige Chance entstehen.

„Das Leben bietet Dir eine große neue Chance an, es bietet Dir ein neues Leben an, aber dafür solltest Du bereit sein, ALLES hinter Dir zu lassen. Es heißt nicht, dass Du tatsächlich alles hinter Dir lassen musst, aber Du solltest bereit sein, das zu tun. Wenn Du das nicht kannst, dann bist Du innerlich noch nicht auf die große Wandlung vorbereitet.

Wenn Du beim Lesen dieser Zeilen Angst bekommst, dann wirst Du Dich noch tiefer mit dem Thema Wandlung beschäftigen müssen, weil Du noch nicht begriffen hast, dass Du das Neue nicht im Rahmen des Alten erleben kannst. Das Neue beginnt sich zwar in diesem Raum, in dem Innersten des Alten, zu entwickeln, aber in dem Moment, in dem es sich wirklich zu entfalten beginnt, muss das Alte weichen, sonst verwelkt das Neue und geht ein.
Ich möchte nicht, dass das zu streng klingt, aber an einem bestimmten Punkt kommt es zu der unausweichlichen Entscheidung zwischen Altem und Neuem, und dieser Entscheidung kannst auch Du Dich nicht entziehen."

Das Alte hinter sich zu lassen, ist natürlich nicht einfach, weil es das ist, was wir kennen, weil es uns so sehr bekannt ist und uns das Gefühl des Zuhause-Seins gibt. Man könnte es vergleichen mit der Bitte an ein kleines Kind, sofort freiwillig sein Kuscheltier herzugeben. Da bricht die bekannte Welt zusammen und das einzige, was bleibt, ist die Leere und die große Frage: Was jetzt?

Unsere innere Sicherheit baut auf dem uns Bekannten auf; das gilt auch für unsere unbewussten Schutzmechanismen. Deswegen ist es wichtig, dass wir lernen, das Neue wahrzunehmen, wenn es noch innerhalb des Alten lebt. Die Phase des Keimens von Neuem innerhalb des Alten sollte so sein wie die Schwangerschaft für eine Mutter, also für uns eine bewusste Vorbereitung und Anpassung. Es wäre für jede Mutter ein Schock, wenn sie das Kind, ohne die Schwangerschaft und die Geburt erlebt zu haben, einfach in die Arme gelegt bekäme. Sie hätte nämlich nicht spüren können, wie das Kind in ihr wächst und sich entwickelt. So geht es auch uns, wenn wir das Keimen des Neuen in uns nicht wahrnehmen und diese Phase nicht als innere Schwangerschaft erleben können. Wir brauchen das. Jeder braucht das!

„Lasse zu, dass ich Dich in meinen tiefsten Kern hineinnehme und damit in das Neue in mir. Verweile in dem Neuen, um Deinen ganzen Körper, um alle Deine Zellen in dem Neuen zu baden und Dich dabei an das Neue zu gewöhnen. Fühle Dich getragen und entspanne Dich ganz tief. Nimm bitte wahr, wie Dich das Leben trägt, wenn Du das zulässt.

Strenge Dich nicht an, weil Dir das nicht helfen wird. Je tiefer Du Dich in mir entspannen kannst, umso tiefer wirst Du das Neue annehmen, erleben und Dir zu eigen machen können. Das ist ein ganz wichtiger Prozess, der in innerer Ruhe passieren sollte."

Die Falle, die uns hier gestellt wird, besteht darin, dass wir nicht in eine innere Ruhe kommen. Wir sind immer mehr nach außen orientiert, und im Außen herrscht zurzeit das Chaos. Ständig werden wir mit unserer Aufmerksamkeit in das Äußere gelotst und damit in das Alte gezogen, weil wir nicht mehr die Ruhe haben, in das Innerste und so zum Neuen durchzudringen. Das ist ein Spiel, das sehr stark von außen geführt wird. Dahinter stehen die Kräfte, die die Entwicklung in das Neue nicht haben möchten, weil sie an das Alte gebunden sind.

Wenn wir uns dessen bewusst werden, dann werden wir uns auch bewusst die Zeit nehmen, um in die Ruhe zu kommen und damit auf den Weg in das Neue. Als Seele wissen wir ganz genau, dass wir dafür in dieser Zeit auf die Erde gekommen sind. Wir sind für das Neue gekommen!

Vielleicht ist es für uns leichter, wenn wir uns klar machen, dass das Alte nur noch eine Schale ist, die uns nicht mehr nähren kann. Zurzeit gibt sie uns noch Sicherheit, aber auch das nur, weil wir so sehr an sie gewöhnt sind.

„Es bleibt Dir nichts anderes, als das neue Zuhause in Deinem Innersten zu entdecken. Nimm Dir die Zeit und verweile in meinem Kern, so lange, wie Du es brauchst. Eile nicht, weil in der Eile das Neue für Dich nicht spürbar werden kann.

Kehre so oft wie nur möglich, wieder in die Ruhe und in das Gefühl des Neuen in mir – in Dir zurück. Es ist ein Weg, es ist ein Prozess, durch welchen Du gehst. Es ist nicht nur eine innere Entscheidung – ein Schritt, und schon bist Du in das Neue geschlüpft. Nein, es braucht eine innere Reifung. Du hast so lange an dem Alten gebaut, somit ist es unmöglich zu erwarten, dass Du von jetzt an gleich das Neue als Dein Fundament erkennst und annimmst. Keiner schafft das einfach so. Jeder braucht dafür Zeit und Ruhe.

Wichtig ist aber, dass Du Dir die erforderliche Zeit und Ruhe nimmst für diesen Prozess. Lasse die Gelegenheit nicht vorbeirauschen, ohne dass Du in diesen Prozess einsteigst.

In dem Neuen ist die Zukunft, in dem Neuen weckst Du das Leben. Das Alte steht für die Vergangenheit und bildet den Boden, aus welchem das Neue sich entwickeln kann."

Wie ist es mit denen, die diesen Prozess nicht bewusst erleben können – z. B. mit den Kindern?

„Wenn Du Dich vertrauensvoll an mich anlehnst und Dich kurz von mir führen lässt, dann wirst Du erleben können, dass für alle und für alles gesorgt ist. Keiner wird ausgeschlossen, wenn er sich nicht selber ausschließt, keiner wird benachteiligt, keiner wird vergessen, keiner geht verloren. Es ist für ALLE gesorgt. Lehne Dich mit dem ganzen Herzen an meine Kraft und tauche tief in sie hinein. Sie umfasst alles, sie trägt alle, die sich tragen lassen, die bereit sind, sich dem Neuen zu überlassen.

Kannst Du die Dich haltenden Hände wahrnehmen? Spürst Du, dass Du nicht mehr alleine bist? Wenn Du bereit bist, in der Tiefe die Kontrolle loszulassen, wirst Du vom Leben getragen. Das ist ein ganz einfaches Lebensgesetz, das für alle und alles gilt. Du kannst nicht gehalten werden, wenn Du das nicht zulässt, Du kannst nicht unterstützt werden, wenn Du keine Hilfe annehmen willst, Du kannst in der inneren Not nicht gesehen werden, wenn Du Dich versteckst, Deine Stimme kann nicht gehört werden, wenn Du innerlich nicht bereit bist, dass sie gehört wird.

Aber welchen Sinn würde das Vogelgezwitscher machen, wenn die Vögel plötzlich lautlos singen würden? Was würde die schönste Stimme einem Opernsänger bringen, wenn er nicht bereit wäre, sie in die Welt zu tragen? Wenn ein Geschenk in der Schublade liegen bleibt, kann keine Freude bei den anderen aufkommen.

Das gleiche gilt für Dich: Wenn Du Dich nicht zeigst, kannst Du nicht gesehen werden und Du kannst mit Deinem Sein kein Geschenk werden. Verstecke Dich nicht und stelle Dich Deinem Sein, Deinen Gaben, Deinen Aufgaben!

Und Deine größte und wichtigste Aufgabe zurzeit ist, Dich für das Neue bereit zu machen und damit für Dich selbst und auch für die andern die Türe zu öffnen.

Es wartet VIELES sehr Schönes auf Dich!"

Die Seelen, die sich momentan inkarnieren, sind reif für diesen Prozess hinein in das Neue. Sie kommen nicht nur, um das selbst zu erleben, sondern um auf der kollektiven Ebene mitzutragen, mitzugestalten und durch ihr inneres Wissen uns allen zu helfen. Wir sind uns dessen viel zu wenig bewusst. Die Kinder der heutigen Zeit sind reife Seelen, die sich lange für diesen Übergang vorbereitet haben. Sie haben die Werkzeuge dafür, sie haben die tiefe Weisheit und das innere Wissen. Sie bringen das alles schon mit, um den nötigen Impuls, um den notwendigen Schwung und die Kraft in den Prozess zu bringen. Sie tragen das Neue schon so tief in sich verankert, dass sie es nicht neu erarbeiten, nicht neu erringen müssen. Sie sind das Licht in diesem Prozess.

Wir glauben, dass wir ihnen helfen sollten, aber eigentlich sind sie gekommen, um uns zu helfen!

Wenn wir es schaffen, das Seelenleben ohne zeitliche Begrenzungen anzuschauen, dann werden wir das verstehen und begreifen können.

Sie sind zwar unsere Kinder und wir sollten für sie sorgen, weil sie uns physisch brauchen zum Überleben, aber ihre Seelen sind uns schon weit voraus. Wir sind für sie das Tor, durch das sie auf die Erde gekommen sind, sie haben uns gewählt, und wir mögen sie unterstützen. Wir haben als Eltern natürlich unsere Aufgaben, aber sie brauchen uns nicht, um den Weg in das Neue zu finden, sondern sie können uns auf diesem Weg begleiten. Das heißt natürlich nicht, dass sie alles entscheiden sollten, dass wir nur ihrem Willen folgen sollten, dass sie alles bestimmen dürfen.

Wir sollten uns immer bewusst sein, dass sie als Menschen genauso wie alle anderen ihren Entwicklungsweg zu gehen haben, auch wenn sie als Seelen schon so weit sind.

Unsere wahre Aufgabe ist es, sie als Menschen so zu begleiten, dass ihre Seele den Raum bekommt, das Neue zu leben und zu verbreiten. Die große Kunst der heutigen Erziehung ist, das richtige Gleichgewicht zwischen Raumgeben und Grenzensetzen zu finden. Das ist keine einfache Aufgabe. Wie sollte man eine Seele, die so weit ist, so behüten, dass sie in dieser verrückten Welt behält, was sie mitgebracht hat, dass sie ihre Reinheit leben kann und dabei in den jetzigen Strukturen ihren Weg findet? Wie kann man diese reinen Lichter so beschützen, dass sie im heutigen Chaos nicht ausgelöscht werden und dass sie sich dabei als Menschen, mit allen Herausforderungen, die dazu gehören, gesund entwickeln können?

Das ist keine einfache Aufgabe! Am liebsten würde man diese hell leuchtenden Seelen irgendwo in eine unberührte Landschaft, in eine heile Welt bringen, wo sie geschützt gedeihen könnten, aber sie sind nicht mit dieser Absicht in dieser Zeit auf die Erde gekommen. Sie sind jetzt da, um in dem ganzen Chaos, in der Verrücktheit dieser Welt und inmitten der zerstörerischen Kräfte den Entstehungsprozess des Neuen mitzuerleben und mitzutragen. Sie wissen, wie das geht. Sie wissen, als Seelen, was ihre Aufgabe ist.

Das Beste, was Eltern für diese Kinder tun können, ist, ihnen das Vertrauen ins Leben zu geben, ihnen zu helfen, dass sie ihre mitgebrachten Schätze nicht vergessen, und sie zu unterstützen, dass sie ihre Aufgabe beim Sich-Anpassen an die heutigen Strukturen nicht verleugnen müssen. Die Seelen und damit die Kinder tragen das Licht, und die Aufgabe der Eltern ist es, dieses Licht zu beschützen, vor allem in der Zeit, in der sie noch so klein sind, in der sie sehr verletzbar und selber ihres eigenen Lichts noch nicht bewusst sind.
Wenn sie dann einmal ihr eigenes Licht bewusst erkennen, dann können wir als Eltern ein bisschen mehr loslassen und durchatmen. Aber bis zu diesem Augenblick sind wir dafür verantwortlich, dass unsere Kinder die wichtige Aufgabe, die sie übernommen haben, erfüllen können.

Es hängt sehr stark von den Eltern ab, ob das Licht dieser erleuchteten Seelen sicher in die Welt getragen wird oder ob es abgeschwächt wird oder sogar erlöscht, bevor es zur wahren Wirkung gelangt.

Wir sollten uns bewusst werden, dass dieser Impuls, den die Seelen, die sich zurzeit inkarnieren, in die Welt bringen, für uns als Menschheit von essenzieller Bedeutung ist. Unsere Entwicklung, die wir als Menschheit gehen, hat so stark den eigenen Antrieb verloren, weshalb es diesen frischen, freien und erleuchteten Impuls braucht, der sich durch die zurzeit inkarnierenden Seelen neu auf und in der Erde manifestieren und verkörpern kann.

Aus diesem Grund können wir, wenn wir mit offenen inneren Augen in die Welt schauen, sehen, wie stark die Versuche sind, genau diese Kinder – unser Licht der Hoffnung – im Keim zu schwächen oder sogar zu zerstören, sei es durch immer mehr künstliche Geburtsprozesse oder immer mehr aggressive Impfungen oder immer engere Schulsysteme. Alle diese Techniken haben ein gemeinsames Ziel, und zwar den neuen Impuls in den Kindern zu unterdrücken, bevor er aktiv in die Welt kommen kann.

Wie ist es mit den Erwachsenen, die diesen Prozess nicht bewusst erleben? Können wir helfen, dass sie auf den Weg in das Neue kommen?

Im Äußeren können wir nicht viel tun. Wir können unsere Mitmenschen innerlich mitnehmen und ihre geistigen Begleiter ansprechen und diese bitten, zu helfen, dass unsere Lieben innerlich wach werden. Am meisten können wir aber helfen, wenn wir unseren Weg klar weitergehen und dabei darauf vertrauen, dass es auch in diesem Prozess unterschiedliche Geschwindigkeiten gibt. Gewisse Menschen schreiten voraus und die anderen brauchen mehr Zeit für die gleichen Schritte. Wichtig ist, dass wir die anderen, die langsamer sind, nicht bewerten, dass wir nicht das Vertrauen verlieren und dass wir uns nicht von unserem eigenen Weg abbringen lassen. Auch wenn das Menschen sind, die uns am nächsten stehen!

Das klingt vielleicht egoistisch, aber es ist wichtig, dass wir unserem Prozess treu bleiben. Wir helfen den anderen nicht, wenn wir selber ihretwegen stehen bleiben. Damit laden wir ihnen als Seele nur noch eine zusätzliche Last auf die Schultern. Wir können den Weg in das Neue für keinen anderen gehen, weil das so intim in unserem tiefsten Wesen geschieht.

Für den Weg in das Neue

Was bedeutet dieser Schritt in das Neue ganz konkret?

„Komm noch ein bisschen näher. Stelle Dich innerlich unter mich tief in die Erde und lasse Dich dann langsam von der Kraft der Erde in mich hineintragen. Mache Dich innerlich ganz leicht, versuche Dich ganz tief in Dir zu entspannen, denke nicht mehr und erlebe, wie Dich die Kraft der Erde trägt. Lasse das innere Gewicht, die Last, die Du so oft spürst, von Dir abfallen und nimm wahr, wie Du in der Erde schwerelos schweben kannst.

Je tiefer Du entspannen kannst, umso deutlicher wirst Du die Erdenkraft und mein Licht spüren können. Atme tief durch und lasse los. Verweile in diesem Gefühl, bis Du dadurch ganz tief in Dir selbst ankommst.
Du kannst das Neue nur in Dir selbst erleben, deswegen ist es ganz wichtig, dass Du in Dir selbst zuhause bist. Die Ruhe in Deinem Inneren ist die Bedingung für den Schritt in das Neue.

Führe Dein Leben so, dass Du immer tiefer die innere Ruhe erleben kannst. Alles, was Dich zurzeit aus der Ruhe bringt, tut Dir nicht gut und Du solltest es meiden. Nimm das ernst und gestalte Dein Leben um dieses Gefühl der Ruhe herum.

Wenn Du ganz in mir ankommst, dann gehe noch mehr nach innen und lasse Dich weitertragen.“

Das Neue ist nicht eine neue Lebensform, die wir als Menschheit erleben werden, sondern es ist der Kern, die Basis, der Hintergrund für neue Lebensformen. Das Neue ist ein Lebensimpuls, der in den alten Lebensformen nicht existieren kann. Darum verursacht dieser Lebensimpuls die tiefgehenden Veränderungen und die Wandlungen, die uns bis in die tiefsten Ecken des Wesens durchdringt.

Damit reden wir hier nicht über alltägliche Veränderungen, denen wir im normalen Leben immer wieder begegnen, sondern über die Wandlung, die wirklich das Wesen verändert. Das Wort „Veränderung" drückt eigentlich nicht richtig aus, worum es geht, weil die Bedeutung viel größer ist – wir könnten es als neue Bildung oder sogar als eine neue Geburt bezeichnen.

Es ist für uns als Seelen eine so tiefgreifende Umwandlung, wie wir sie sonst nur beim Tod und dann bei der Wiedergeburt erleben. Als inkarnierte Seelen werden wir diesen Quantensprung erleben, ohne dabei zu sterben.

Vertiefen wir uns kurz in diesen Gedanken und überlegen, was das für die Seele bedeutet, dann verstehen wir, was für ein einmaliger Prozess uns als Menschheit bevorsteht. Es ist ein völliger Neubeginn im wahrsten Sinne des Wortes.

Der Kern unseres Wesens wird in diesem Prozess unser Anker sein. Er wird der ruhende Pol sein, so wie das Zentrum eines Tornados, das auch im stärksten Orkan stabil und unberührt bleibt. Das heißt zwar nicht, dass der Kern sich nicht verändern wird, doch er wird uns Sicherheit für unsere Existenz geben.

Worte sind zu eng, zu eingeschränkt, um mit ihnen die Weite der neuen Welt beschreiben zu können.

Wir werden als Menschheit den Prozess des Sterbens und des Geborenwerdens gleichzeitig erleben. Schon nur diese einfache Tatsache sagt viel über das Neue aus. Es ist ein neues Kapitel in unserer Entwicklung. Wir werden uns auf eine neue Ebene des Seins hochschwingen.

Dabei wird die Materie zwar weiter materiell und damit auch unser Körper weiter physisch bleiben, aber sie werden anders von der Kraft des Lebens durchdrungen. Dadurch werden wir Menschen die Materie ganz neu und anders erleben, weil sie nicht mehr die Festigkeit und die Starrheit haben wird, die sie heute hat.

Es wird eine neue Ära des Lebens auf der Erde beginnen. Die Erde selbst ist in einem tiefen Prozess der Erneuerung begriffen, was auch die Erde als Materie stark verändern wird.

Die äußere Welt wird sich gar nicht so stark verändern, doch unser Erleben des äußeren Lebensraumes wird neu und somit auch unsere gesamte Welt.

Wie oben schon beschrieben, beginnt der Prozess tief im Inneren. Das Neue bildet sich, es entfaltet sich immer mehr, es wird immer stärker und irgendwann wird die Zeit reif sein und das Alte wird wie eine alte Kruste durchbrochen, um dem Neuen Raum zu geben. Das Alte wird sich wie eine alte Haut ablösen.

„Stehe noch eine Weile in mir. Lasse Dich berühren. Eile nicht und genieße die tiefe Ruhe in mir. Je tiefer Du in mir ankommst, umso tiefer wirst Du dich selbst erleben und berühren können.

Genau dieses Gefühl von Dir selbst hat zurzeit eine essenzielle Bedeutung. Die Verbindung zum eigenen Wesen, zum eigenen Kern, zur eigenen Essenz ist schon jetzt wichtig, bald wird sie jedoch lebenswichtig sein.

Kein Augenblick, in dem Du Dich selbst spürst, in dem Du Dir ZEIT NIMMST, Dich selbst zu erleben, wahrzunehmen und zu pflegen, ist Zeitverschwendung. Dies ist gerade jetzt eine echte Priorität, weil Ihr zurzeit wie von der Zeit getrieben seid.

NICHTS ist wichtiger, als die Wahrheit des eigenen Wesens zu spüren. Dieser Satz klingt vielleicht einfach und zu unwichtig, um sich damit zu beschäftigen, aber glaube mir, es ist zurzeit essenziell!

Das wird unser Anker sein, wenn die Veränderungen wirklich Schwung bekommen, und wenn Du zu diesem Zeitpunkt die Verbindung zu dem Anker nicht hast, dann kann Dir auch der Anker nicht helfen. Auch der beste Anker ohne Seil kann ein Segelboot nicht im sicheren Hafen halten – er ist bedeutungslos.

Baue an Deinem inneren Vertrauen, indem Du Dein eigenes Sein, den Kern, das Wesen innerlich begreifst. Du musst es nicht mit Worten beschreiben können, Du musst es nicht mit dem Kopf verstehen. Du solltest es aber in der Tiefe wahrnehmen und ein klares Gefühl dafür bekommen. Genau das wird Dich tragen können.

Nimm Dir Zeit und verweile in mir. Sinke in die Ruhe hinein und sei einfach im Inneren nur still, mehr brauchst Du nicht zu tun!"

Wie kann man sich innerlich für das Neue vorbereiten?

Der tiefe Strom der Wandlung fließt unberührt und ungestört immer weiter, egal was rundherum geschieht. Es gibt nichts, was ihn aufhalten könnte. Das ist sehr hilfreich zu wissen, weil wir immer wieder da hineinfühlen können und uns an den Strom der Veränderungen anschließen können. Das ist auch der Strom, an den wir von Natur aus als Seele angeschlossen sind. Wir wurden als Seele genau von diesem Strom angezogen, um uns auf der Erde zu inkarnieren. Dieser Strom, der in das Neue führt, lockt die Seelen wie der Nektar die Bienen.

Dieses Gefühl des Neuen ist Nahrung für unsere Seelen. Sie sehnen sich nach der wahren Lebensexistenz und damit sind sie bereit für die notwendigen Veränderungen. Wir alle wurden von diesem Strom in dieser Zeit angezogen, haben uns auf der Erde inkarniert. Das heißt, dass wir als Seele einen natürlichen Zugang zu diesem Strom haben. Wir kennen ihn nicht nur, sondern wir tragen seine Essenz in uns. Wir sind Teil dieser neuen Strömung.

Die Frage ist nur, wie weit wir uns davon entfernt haben. Aber egal wie weit weg wir uns davon befinden, wir haben noch immer einen direkten Zugang, was uns ermöglicht, in jedem Augenblick wieder in diesen Strom zurückzukehren. Die Strömung ist IMMER da und sie ist uns als Seele gut bekannt, so können wir uns jederzeit anschließen.

„Spüre Dein Herz und erlebe Dein strahlendes Herzenslicht. Bleibe ganz in diesem Gefühl und dann stelle Dir vor, dass Du Dich durch mein Licht, durch mein Sein in die Weite ausdehnst. Wie durch ein Nadelöhr breitest Du Dich mit der Hilfe meines Körpers in die Welt aus.

Lasse zu, dass das geschehen kann. Mache Dich nicht klein, zweifle nicht an Deinen Möglichkeiten und an Deinen Gaben und Du wirst mitkommen können.

Der Strom des Neuen ist breit und hell, er ist stark, so wirst Du als Seele ihn gleich spüren, erkennen und finden können.

Deine Aufgabe dabei ist, dass Du den Fokus auf dem Licht Deines Herzens behältst. Das ist das Wichtigste! Der Raum Deines Herzens ist der Ort, in dem das Neue sich bilden und gedeihen kann und das ist der Raum, in dem Du die innere Sicherheit halten kannst, um diesen Weg ins Neue gehen zu können.

Du solltest alles tun, um Deinen Herzensraum zu behüten, zu schützen und rein zu bewahren. Wenn Dein Herzensraum lebendig, rein, wahrhaftig und gesund ist und bleibt, dann kannst Du sicher sein, dass Du Dich an diesen Strom des Neuen immer anschließen kannst, dass Du den Weg in das Neue gehen wirst.“

Der reine Herzensraum ist das Gefäß für das Neue. Das Neue beginnt in dem tiefsten inneren Kern zu keimen und wird von dem persönlichen Herzensraum gehalten und genährt.

Hat er zu wenig Substanz, ist er nicht genug durch unsere Präsenz belebt, ist er nicht mit Leben durchströmt, wird er durch unser Sein zu wenig bewusst gehalten, dann wird er zu schwach, um das Neue zu tragen und zum Gedeihen zu bringen.

Ohne unseren aktiven Einsatz kann sich das Neue nicht entwickeln. Deswegen ist es gerade in dieser Anfangsphase so wichtig, dass wir die dafür nötigen äußeren Umstände vorbereiten.

Die **INNERE RUHE** ist das Fundament. Die **REINHEIT DAS HERZENS** ist die Bedingung für die Bildung des Gefäßes. Das **GEISTIGE BEWUSSTSEIN** und unsere Präsenz sind notwendig, um das Leben des Neuen zu gestalten. Die **ZWISCHEN-MENSCHLICHE VERNETZUNG** ist wichtig, damit das Neue die entsprechende Lebensform im größeren Rahmen bekommen kann. Unser seelischer Zustand und die Reinheit der Seele entscheiden, wie bewusst wir diesen Prozess miterleben und wie weit wir das Neue ins Leben integrieren können.

Zu alledem kommt noch die **GÖTTLICHE GNADE UND UNSERE OFFENHEIT**, diese Gnade anzunehmen.

Wir dürfen nicht vergessen, dass es nicht wenige Mächte um uns herum gibt, die gegen diesen Weg in das Neue sind, weil sie genau durch diesen Prozess ihre Macht verlieren werden. Natürlich versuchen sie ständig dagegenzuwirken. Je entschiedener wir, als Menschheit und persönlich, diesen Weg beschreiten, umso entschiedener werden sie versuchen, uns Steine in den Weg zu legen. Da sie genau durchschauen, was für den nächsten Entwicklungsschritt notwendig ist, wissen sie auch genau, wie sie uns am besten stören und vom Weg abbringen können. Sie greifen genau da ein, wo es essenziell für diesen Prozess ist. Sie lauern im Hinterhalt und stellen uns Fallen, um uns davon abzuhalten weiterzukommen.

Umso wichtiger ist es, dass wir verstehen, was geschieht, dass wir wissen, was es braucht, dass wir uns bewusst werden, was notwendig ist und was unsere momentane Aufgabe ist!

Wir können nicht mehr so unbewusst, unvorbereitet und verloren umherlaufen, wenn wir diesen Prozess aktiv miterleben möchten.

Es wird eine innere Konzentration, eine klare Präsenz verlangt.

In die innere Ruhe kommen

Innere RUHE bedingt äußere Ruhe. Wir können nicht in Ruhe verweilen, wenn wir vom Außen ständig herumgewirbelt werden. Doch es liegt an uns, uns für die Ruhe zu entscheiden. Es wird zurzeit von uns die bewusste Entscheidung gefordert, einen Lebensrahmen zu gestalten, in dem die Ruhe eine wichtige Rolle spielt.

 „Wenn ich Euch, Menschen, anschaue, dann sehe ich alles andere als Ruhe – egal ob innere oder äußere Ruhe.

Entscheide Dich bewusst für die innere Ruhe, weil Du nur so eine klare Grenze setzen kannst.

Du wirst zurzeit von den Gegenkräften durchgewirbelt, ständig chaotisiert und dauernd beschäftigt, damit Du nicht die Möglichkeit hast, zur inneren Ruhe zu kommen.

Ich kann Dich von außen mit einem gewissen Abstand betrachten und kann Dir sagen, dass es nicht nur das Leben ist, das immer intensiver wird, sondern dass diese Ruhelosigkeit absichtlich herbeigeführt wird. Das heutige System dient in vielerlei Hinsicht den Gegenmächten – oder anders gesagt, diese Mächte können durch die momentanen Systeme sehr einfach Wege finden, wie sie wirken können. Sie nutzen die Schwäche des Systems und die Schwächen der Menschen, die innerhalb des jetzigen Systems arbeiten, um stören zu können. Sie sind klug, so sind wir aufgefordert, noch klüger zu werden, um unserem Weg treu zu bleiben.

Betrachte Deinen Alltag, höre genau zu, welche Impulse von außen kommen, spüre genauer nach, was von Dir verlangt wird und vor allem, welches die eigentliche Motivation dahinter ist. Betrachte bewusst und genau, was auf dich zukommt, lausche und nimm wahr und Du wirst es bald selber erkennen können, so schwer ist es nämlich nicht.

Du brauchst den Raum für die innere Ruhe, Du brauchst die innere Ruhe!

Unterschätze nicht, wie wichtig die innere Ruhe in diesem Prozess hinein in das Neue ist. Die innere Ruhe ist der Boden, in dem das Neue keimen kann. Es ist der Rahmen, in dem das Neue sich entwickeln kann. Die Ruhe ist Deine persönliche Nahrung, sie ist Dein Schutz, weil Du nur so wirklich spüren kannst, wie es Dir geht, wo Du innerlich stehst und was Dein nächster Schritt ist. Du kannst Deinem seelischen Weg nur dann wirklich folgen, wenn Du immer wieder in die innere Ruhe gehen kannst, um zu lauschen, um Dir selber zuzuhören.

Und das ist zurzeit zentral. Du gibst Deinem Wesen den Raum, in dem Du Dir zuhörst, in dem Du Dich selbst wahrnimmst.

Stelle Dir vor, dass Du Dich in einer Embryoposition in mich legst und ganz ruhig wirst. Du übergibst Dich und spürst nach, was dadurch in Dir entsteht. Denke dabei, bitte, nicht nach. Du brauchst das, was Du erlebst, nicht gleich zu bewerten, nicht zu verstehen, nicht in Worte zu fassen und auch nicht mit Deinem Verstand zu übersetzen. Für all das kannst Du Dir später Zeit nehmen, wenn es Dir dann noch wichtig ist.

Spüre die tiefe Ruhe und erlebe sie in Dir selbst! Lasse Dich berühren!"

Das eine ist es, die innere Ruhe zu erleben, und das andere ist, sie zu bewahren. Beides ist sehr wichtig in der momentanen Situation. Wir sind aufgefordert, unser ganzes Leben wirklich neu anzuschauen und wenn notwendig neu zu strukturieren – die Prioritäten neu zu setzen. Zurzeit sollte die Ruhe die höchste Priorität haben.

Natürlich ist es heutzutage fast unmöglich, nur Ruhe zu erleben, weil das in der Welt, wie sie ist, nicht geht. Doch können wir bewusst gewisse Inseln der Ruhe bilden, in denen wir wissen, dass wir frei sind, innere Ruhe zu erleben und zu pflegen. Es ist sehr individuell, wie viele solche Inseln der Ruhe wir brauchen, wie groß und lang sie sein sollten und wie sie zu pflegen sind. Das Wichtigste ist, dass sie existieren und dass wir sie bewusst schützen.

Alles, was diese Inseln der Ruhe und die Ruhe selbst angreift, sollten wir bewusst meiden. Für die innere Ruhe kann man zwar nicht kämpfen, aber wir sollten sie beschützen, weil sie zurzeit ganz wichtig ist für uns.

Von der **HERZENSREINHEIT** war schon die Rede in diesem Text.
Unsere Herzenswärme, die aus der Herzensreinheit entsteht, bildet das Gefäß für die Entwicklung des Neuen. Sie ist wie die fruchtbare Erde, die einem Samen

das Wachstum ermöglicht. Je mehr wir unseren Herzensraum öffnen, je mehr wir diesen Raum pflegen, dass er in seiner Reinheit aufblühen kann, umso stärker wird die Nahrung für das Neue in uns sein.

Als Seelen tragen wir wahre Herzensreinheit in unserem Wesen. Wir tragen sie ALLE in uns – in unserem Wesenskern. Die Frage ist natürlich, wie weit wir diese Herzensreinheit durch unterschiedliche Lebenserfahrungen in früheren und in diesem Leben gelebt, gepflegt, gesteigert oder sie verschattet haben.

Je reiner das Herz ist, umso präsenter ist der Herzensraum. Je stärker die Qualität des Herzens gelebt wird, umso mehr wird die Schale für das Neue bereit sein. Je bewusster wir den Herzensraum beleben, umso mehr Nahrung wird für das Neue zur Verfügung stehen.

Damit ist auf keinen Fall eine Unterteilung in gute, weniger gute und böse Menschen gemeint. Darum geht es nicht und das ist, ehrlich gesagt, gar nicht so wichtig. Was wirklich bedeutsam ist und was immer mehr zählen wird, ist, wie weit wir unseren Herzensraum bewusst nähren können, damit er Nahrung für das Neue sein kann. Wird ein neuer Impuls ohne Nahrung gelassen, stirbt er, so wie ein Samen ohne Wasser vertrocknet.

„Stelle Dich mir gegenüber. Schaue nicht fokussiert, damit das Bild unscharf bleibt und Du Dich selbst in mir sehen kannst. Lasse zu, dass ich zu Deinem Spiegel werde. Und dann betrachte Deinen eigenen Herzensraum. Betritt ihn wie einen Raum in einem Haus und spüre die Stimmung, erlebe die Ausstrahlung, nimm seine Kraft wahr. Lasse Dich dabei überraschen!

Wie ist Dein Herzensraum? Ist er geräumig, hell, strahlend und einladend, ist es ein Ort, wo Du gerne verweilst, oder ist es eher ein trüber, dunkler und unzugänglicher Ort? Wenn Du wahrnehmen kannst, wie es Dir in diesem Raum geht, wirst Du auch eine Vorstellung davon haben können, wie es dem Neuen in Dir geht.

Bitte Deine Seele um Führung und betrachte Dich weiter in mir als Spiegel. Was braucht dieser Raum, was brauchst Du, um Deine Herzenskraft stärker zu aktivieren und damit den Herzensraum mehr zu durchleuchten? Was in Deinem Leben unterstützt diesen inneren Prozess und was wirkt dagegen? Nimm Dir Zeit und bleibe in diesem Gefühl und in dieser Betrachtung. Bitte Deine Seele, Dir Bilder zu geben, die Dir weiterhelfen.

Lasse Dich von mir als Spiegel berühren. Öffne Dein Herz und strahle mit mir."

Herzenskraft, Herzensreinheit, Herzensliebe, Herzensraum, alles, was mit dem Herzen zu tun hat, wird immer mehr Bedeutung erlangen. Das Herz ist unser Schatz und wir sollten uns dessen immer mehr bewusst werden. Wir sollten dem Herzen mehr Aufmerksamkeit schenken und es mehr pflegen. Wir sind uns nicht bewusst, wie zentral dieses Organ auf allen Ebenen für uns ist!

Die Herzensschwingung wird mit der Zeit zur Hauptschwingung des Lebens werden, deswegen ist es so wichtig für uns, dass wir uns schon jetzt immer an die Herzensqualität als tragende Kraft anlehnen und unser ganzes Sein auf sie einstimmen.

Was bedeutet es in diesem Zusammenhang mit dem Neuen, **GEISTIG BEWUSST** und **PRÄSENT** zu sein? Das Neue kann sich in uns nur dann entwickeln, wenn wir aktiv bei diesem Prozess mitgehen, wenn wir es zulassen, dass unser Leben dadurch ganz verändert und neu gestaltet wird. Noch einmal: das Neue keimt zwar innerhalb des Alten, es kann sich aber im Alten nicht entfalten!
Wir können dem Neuen nur begegnen, wenn wir voll päsent sind. Wir können diesen Prozess nicht nur halbherzig mitmachen. Obwohl das vielleicht sehr absolut klingt, ist das die Wahrheit. Es gibt keinen halben Weg, weil sich das Neue auch nicht nur halb und ungefähr entwickelt – wir können mit dem Neuen nicht nur halbschwanger sein. Entweder öffnen wir uns und gehen mit dem Neuen, oder wir entscheiden uns für das Alte und bleiben damit im althergebrachten Rahmen.

Schon jetzt verlangt das Leben immer mehr unsere volle Präsenz. Es ist so deutlich spürbar, dass wir nicht mehr im Halbschlaf dösend durch das Leben gehen können. Und auf diesem Weg ins Neue wird unsere volle Präsenz immer entscheidender sein.

Je präsenter wir zurzeit sind, umso stärker werden wir schon jetzt von den begleitenden Prozessen des großen Wandlungsprozesses berührt und damit offener und besser vorbereitet für das Neue. Es ist eine gewisse innere Wachheit dafür notwendig, weil man sonst den Impuls des Neuen gar nicht wahrnehmen kann.

Geistiges Bewusstsein setzt Seelenreife voraus. Wenn eine Seele reif ist, bedeutet das, dass sie ihre Vergangenheit, ihre alten Geschichten schon weitgehend verarbeitet hat. Dank der daraus entstehenden Freiheit kann der Mensch erst wirklich präsent sein. Die Seele braucht sich nicht zu verstecken, keine seelische Last vernebelt sie. Die Klarheit im Inneren zeigt sich in der äußeren Erscheinung als klare Präsenz. Es ist eine Transparenz möglich, die einen Menschen offen, erreichbar, strahlend und präsent macht. Es ist diese Art der Präsenz, bei der wir spüren, dass unser Gegenüber uns wirklich wach und aufmerksam wahrnimmt. Wir werden gesehen, gehört, im wahren Sinne findet eine Begegnung statt.

Diese Art der Wachheit und Präsenz wird immer wichtiger. Sie gibt uns nämlich die Möglichkeit, aktiv im aktuellen Prozess zu stehen und mitzuwirken. Das Geschehen wird immer schneller, immer intensiver, und wenn wir nicht präsent im Moment sind, dann bewegen wir uns noch in der Vergangenheit. Wir hinken dann immer dem aktuellen Geschehen hinterher und können nicht wirklich im laufenden Prozess gegenwärtig sein. Wir können dann nicht ein aktiver Teil dieses großen Wandlungsgeschehens sein. Das nimmt uns Kraft, statt dass wir genährt werden.

Das Neue können wir nur im Hier und Jetzt treffen, dafür müssen wir aber im Moment präsent sein. Und wie widersprüchlich das auch klingen mag, wir sollten, um aktuell im Augenblick sein zu können, uns erst von der Last der Vergangenheit befreien.

In den Augen eines Menschen, in seinem Blick können wir sehen, wie rein seine Vergangenheit ist - wie weit er sie gereinigt hat. Wahre Freiheit spricht nicht aus den Worten, sondern sie strahlt einen aus den Augen an.

Unterstützung, um innerlich präsent zu sein

„Berühre mich mit Deinen Händen. Öffne Dich und spüre, wie die Kraft zwischen Dir und mir fließt. Wie ein Lichtstrom, der sich langsam bildet und immer stärker wird. Versuche diesem Strom zu folgen und lasse damit immer mehr los.

Geht das?

Diese kleine Übung mit mir wird Dir zeigen, wie weit Du wirklich frei bist - nicht nur frei in Deinen Gedanken, sondern tief in Deinem Wesen. Wie befreit bist Du von Deiner Vergangenheit als Seele?

Spüre Deine Handflächen und lasse Dich durch mich von der Ewigkeit berühren. Kannst Du die Ewigkeit spüren, kannst Du sie in ihrer Weite erleben, kannst Du sie in Dich einlassen und vor allem, kann sie Dich tief in Deinem Wesen berühren? Bist Du als Seele erreichbar?"

Haben wir die größten Hindernisse auf unserem karmischen Weg verarbeitet, dann verfügen wir über die innere Kapazität und Kraft, präsent zu sein. Wenn dem nicht so ist, dann sind wir im Gegenteil mit unserer Vergangenheit noch so beschäftigt, dass unser innerer Fokus irgendwo anders ist als in der Gegenwart. In dem Fall haben wir keine Möglichkeit, wirklich präsent zu sein, auch wenn wir uns das wünschen und uns dafür entscheiden. Unsere Aufmerksamkeit wird unweigerlich dorthin gelenkt, wo unsere seelischen Knoten liegen.

„Wahrscheinlich kennst Du das aus dem Alltag. Auch wenn Du möchtest, kannst Du den Fokus und die Präsenz nicht halten und die Gedanken schweifen immer irgendwohin. Es ist gut möglich, dass Dir Deine Seele zeigen möchte, was für Dich zu verarbeiten ansteht. Du wirst unerreichbar, wenn Du unfrei bist. Deswegen versucht die Seele, Dich auf ihre Art und Weise darauf aufmerksam zu machen, dass Dich etwas als Seele so stark belastet und die Lebenskraft darum nicht mehr frei durch Dich fließen kann. Du entfernst Dich damit immer weiter weg vom Leben. Damit ist zwar Deine äußere Schale präsent, Dein wahres Wesen zieht sich aber zurück. Somit bist Du in dem Zwischenraum verloren – Du bist nicht in der Gegenwart präsent und somit nicht im Fluss.

Spüre weiter die Berührung Deiner Hände und öffne Dich noch mehr. Nimm wahr, was Deine Seele Dir heute sagen möchte.

Denke nicht selber darüber nach, was Du schon alles getan hast, um Dich innerlich zu befreien, was Du schon alles innerlich erreicht hast, wie stark Du Dich der Wandlung bereits übergeben hast. In jedem Augenblick bist Du ein anderer und so kann das, was Dich gestern noch nicht belastet hat, plötzlich zu einer inneren Hürde werden.

Mit Deinem Wachstum verändern sich auch Deine inneren Aufgaben. Der Reifungsprozess gilt auch für die inneren Hindernisse und Hürden. Du brauchst eine gewisse Reife, um innerlich bereit zu sein, um die Befreiungsprozesse vollziehen zu können.

Innere Freiheit kann überwältigend und unerträglich sein, wenn Du für sie noch nicht reif bist!"

Innere Präsenz ist die Bedingung für jede Begegnung. Und Begegnungen sind die Bedingung für die Verbindung mit anderen und für die daraus entstehenden **ZWISCHENMENSCHLICHEN VERNETZUNGEN**. Wir können einander in der Tiefe nur dann berühren, wenn wir uns begegnen, und wir können uns nur begegnen, wenn wir gegenwärtig sind. Als Seelen sind wir zwar wirklich unendlich und kennen uns vielleicht auch schon aus dem ewigen Strom, doch wenn wir uns als Menschen begegnen möchten, dann kann das nur in der Gegenwart geschehen.

Wir Menschen sind zwar große Individualisten und sehr stark als einzelne Persönlichkeiten entwickelt, aber wirklich stark sind wir eigentlich erst in der Verbindung, in den Vernetzungen, in den Konstellationen mit anderen Individuen zusammen. Wir brauchen unseren persönlichen Raum mehr als jegliche physische Nahrung, aber wenn wir bereit sind, unsere persönlichen Räume zu verbinden, dann sind wir unbesiegbar.

Wer meint, dass unser Entwicklungsweg immer mehr in die Individualisierung führt und dass die Zukunft der einzelnen Zelle gehört, der hat selber wahrscheinlich noch nicht die Kraft einer wahren Herzensvernetzung erlebt. Das Neue wächst und erblüht zwar in jeden von uns, aber getragen wird es nur in dem großen Kontext der Vernetzungen. Alles andere ist zu eng und zu klein.

„Stelle Dich so zu mir, dass Du mich nicht nur als physische Steinkugel betrachtest, sondern dass Du mich als Kraftraum erleben kannst. Dafür solltest Du auch Dich selbst als einen erweiterten Raum erleben. Atme durch Deinen Raum und erlebe ihn immer lebendiger. Kannst Du ihn spüren, erleben? Kannst Du das Licht, die Kraft, die Farben innerlich sehen? Betrachte ganz bewusst, was mit Deinem Raum geschieht, wenn Du Dich mit meinem Raum so stark verbindest, dass unsere Räume eins werden. Was geschieht durch die Verbindung? Nimm dabei Deinen Raum und die Veränderung in ihm wahr.

Und dann kannst Du noch weiter betrachten, was sich in Deinem persönlichen Raum verändert, wenn Du Dich mit anderen Menschenseelen verbindest. Was geschieht, wenn sich viele individuelle Räume bewusst berühren und durch ein höheres gemeinsames Anliegen verbinden? Bleibe ganz präsent und erlebe es von innen. Wenn Du das zulässt, dann wirst Du die Potenzierung und Dynamisierung der Kraft erleben können."

Das Neue kann sich durch unsere Herzensvernetzungen auf eine noch höhere Frequenz erheben.

Die Zukunft des Neuen ist nicht in den einzelnen Zellen zu finden, sondern im Verwobensein vieler individueller Zellen.

Die neue Gemeinschaft ist grundlegend anders und hat in der Tiefe nicht viel mit dem alten Bild von Gemeinschaft zu tun. Die Individualität wird als Potenzial gesehen und gewünscht. Jedes Mitglied ist gefordert, in sich stark und stabil zu sein und fähig zu sein, ganz alleine stehen zu können. Es gibt keine Abhängigkeiten und noch weniger irgendwelche Hierarchien.

Was zählt, ist die wahre Offenheit des Herzens und die innere Freiheit, das eigene Potenzial ins Leben zu bringen, für das Wohl des gesamten Gewebes.

Das Neue wird sein wirkliches Gesicht erst durch die Entfaltung in den menschlichen Vernetzungen bekommen. Also erst dann, wenn es in dem größeren Rahmen die Möglichkeit bekommt aufzublühen.

Die seelischen Vernetzungen sind nicht nur für das Neue entscheidend, sondern auch für den Übergang in das Neue. Das Wachstum des Neuen verlangt von uns eine so große innere Konzentration und Entschlossenheit, die wir selbst und alleine nur teilweise halten und durchhalten können. Genau aus diesem Grund ist die tiefe Vernetzung mit anderen Menschen so wichtig, weil wir in den Momenten, in denen wir selbst nicht die notwendige Kraft aufbringen können, von den anderen mitgetragen werden.

Das bedeutet aber eben nicht, dass wir von den anderen Mitgliedern abhängig sind. Wenn eine echte Herzensvernetzung zwischen Seelen entsteht, dann bildet sich dabei ein gesundes Gewebe, das den gemeinsamen Raum ermöglicht. Ein Raum, der sich nicht aus einzelnen Teilen zusammensetzt, die beim ersten Rütteln auseinanderfallen und zerbröckeln, sondern ein Raum, der auf dem inneren Verflochtensein vieler Seelen basiert.
So eine Vernetzung entsteht aus der Herzensreinheit der Beteiligten, deswegen kann sie nur in innerer Freiheit existieren.

„Versuche Dir nicht ein Bild davon zu machen, weil Du dazu noch nicht in der Lage bist. Versuche keine Kategorie für ein solches Verflochtensein zu finden, weil Du scheitern würdest. Egal, wie Du es drehen möchtest, Du kannst eine solch reine Vernetzung noch nicht kennen. Du kannst vielleicht ahnen, was es bedeutet, aber die wahre Kraft kannst Du noch nicht kennen, weil die Zeit dafür noch nicht reif ist.

Es ist ein Weg, und ihr seid am Anfang dieses Weges.
Ihr braucht persönlich und kollektiv noch einige Schritte zu tun, um reif zu werden, Euch so bedingungslos und mit offenem Herzen hinzugeben.
Dafür gibt es den Weg, und wer bereit ist, den Weg zu gehen, wird wachsen können.“

Wichtig ist, dass wir ein Bewusstsein und eine Offenheit gegenüber diesen neuen Herzensvernetzungen haben, alles andere wird sich zeigen und bilden.

Die Zeit der Einzelgänger ist mit der Neuen Zeit vorbei. Den Weg in das Neue wird man alleine nicht gehen können. Egal, wie weit entwickelt, wie fortgeschritten, wie vorbereitet wir für diesen Weg sind, wir werden es nur gemeinsam schaffen. Es wird ein Weg sein, der uns an unsere Grenzen bringen wird, der unsere gesamte

Substanz durchrütteln wird, der uns bis in den innersten Kern herausfordern wird. Das kann man nur gemeinsam in einem tragenden Raum aushalten, in dem man sich verstanden, unterstützt und gehalten fühlt. In einem Raum, in dem man sich ab und zu auch anlehnen kann, in dem man weiß, dass man sicher und geschützt ist, weil man sich in der Seele verstanden fühlt. Und so einen Raum können wir nicht als Einzelperson aufbauen und halten, ohne ein Gegenüber zu haben.

Ein gemeinsamer Raum kann nur existieren, wenn es eine gesunde Spannung gibt. Diese Spannung hat natürlich nichts mit Verspannung zu tun, sondern entsteht aus einer beinahe magnetischen Polarisierung oder ist wie die Spannung, die beim Ein- und Ausatmen spürbar wird. Die innere Präsenz aller Beteiligten fördert das Gebilde der Vernetzung. Eine gesunde Vernetzung ist ein lebendiger Organismus, der nie stehen bleibt, der nie stagniert, der sich in einem fortwährenden Entwicklungsprozess befindet und so mit allen Mitgliedern mitwächst.

Eine gesunde neue Vernetzung können wir daran erkennen, dass das „Seelenkonglomerat" so innig verbunden ist, dass die Kommunikation auch ohne Worte funktionieren würde. Auf einer höheren Ebene sind alle eins geworden, wobei jedes Individuum und jede Persönlichkeit durchaus noch an Stärke gewinnt. Die Einzigartigkeit der einzelnen Seelen ist in so einem „Seelenkonglomerat" nicht verloren, sondern kommt noch besser zur Geltung und tritt noch deutlicher in Erscheinung. Das Potenzial des Einzelnen wird gesehen, geschätzt und entfaltet sich zum Wohl der Gemeinschaft.

Die wirkliche Kraft entsteht durch die Verschmelzung der beteiligten Seelen. Als Menschen sind wir auf der Seelenebene eigentlich Eins und untrennbar. Durch die Art und Weise, wie wir zurzeit leben, wie wir unsere Leben entwickelt haben, wie wir teilweise gezwungen werden als Menschen zu sein, haben wir dieses innige Seelennetz geschwächt, zerrissen und zumindest teilweise zerstört. Dadurch sind wir als Menschen und als Menschheit geschwächt und nicht mehr in der Lage, unser geistiges Potenzial zu entfalten. Wir haben den Raum dafür nicht mehr, es fehlt uns die Grundlage, die Basis, der Halt. Als Menschheit sind wir so wie ein Gefäß ohne Boden.

Genau aus diesem Grund brauchen wir so sehr eine neue zwischenmenschliche Vernetzung, die wieder auf den natürlichen Eigenschaften von uns als Menschen beruht.

Wenn wir den momentanen Zustand der Menschheit mit einem Bild aus der Tierwelt vergleichen wollten, würden wir an eine innig verbundene Tierherde denken. Die Raubtiere können sie nur angreifen, wenn sie die Herde auseinander jagen. Dadurch schwächen und verängstigen sie die einzelnen Tiere und bekommen so die Kontrolle über die ganze Situation. Klingt das nicht sehr bekannt?

Wir sind zwar individualisierte Wesen, aber das heißt noch lange nicht, dass wir stärker sind, wenn wir vereinzelt sind. Vielleicht wurde uns dieser Gedanke sogar von den „Raubtieren" eingeflüstert, um uns unter Kontrolle zu halten.

Es ist an uns, dass wir das tragende Netz wieder aufbauen. Dafür sollten wir erst den Wert eines solchen Netzes verstehen und schätzen lernen, weil wir uns bewusst und aktiv dafür einsetzen müssen. So ein tragendes, inniges Seelengefäß kann nämlich nicht von alleine entstehen, es braucht unseren Willen, es braucht unsere volle Präsenz, unsere Kraft, unsere Aufmerksamkeit.

Wir werden alle zurzeit über alle Maßen beschäftigt gehalten, oft mit völlig unwichtigen Sachen, unser Lebensstil ist unglaublich kräftezehrend geworden. So bleibt uns zu wenig Zeit nicht nur für uns selbst, sondern auch für die Gemeinschaftsbildung. Es beginnt damit, dass wir keine Zeit mehr für Freundschaften, für die Familie und sogar für die Partnerschaft haben. Damit schwächen wir die Seelenvernetzungen immer mehr, wir sind immer isolierter, immer mehr alleine, auch wenn wir zumeist mit Menschen zusammen sind. Wenn wir die ganze Situation bewusster anschauen und das Bild der Raubtiere dazunehmen, dann können wir vielleicht neue Zusammenhänge sehen, die wir bis jetzt gar nicht erkannt haben.

Die neue Vernetzung sollte zurzeit eine der Prioritäten für uns alle sein. Sie ist essenziell für unsere weitere Existenz. Wir können uns das heute vielleicht noch gar nicht wirklich vorstellen, aber es werden Zeiten kommen, in denen das Leben nur noch mit der tragenden Kraft des Seelennetzes möglich sein wird.

Der neue Aufbau der Seelenvernetzung kann nicht in Unruhe, in Eile und auf oberflächliche Art geschehen, er verlangt eine gewisse innere Ruhe, tiefe Lebensfreude und innere Kraft, und diese Bedingungen können wir jetzt noch erfüllen. Irgendwann ist das vielleicht nicht mehr möglich oder zumindest sehr erschwert.

„Stelle Dir vor, dass Du Dich an mich lehnst, aber nicht so sehr mit dem physischen Körper als mit dem Herzen. Wie wenn wir uns dadurch von Herz zu Herz berühren würden.

Entspanne Dich in den tiefen Schichten Deines Seins. Entspanne Dich mit Deiner Seele. Entspanne Dich in Deinem Herzen. Spüre dabei, wie das ganze Wesen tief im Inneren loslässt.

Spüre weiter die Verbindung zu mir und bitte Deine Seele, Dich so zu führen, dass Du die Seelenverbindung zu den Menschen, die Dir nahe sind, die Du liebst, die für Dich wichtig sind, erleben kannst. Wie ein Lichtstrom, der Dich mitnimmt. Bitte, dass Du die Lichtvernetzung, in der Du schon jetzt stehst, spüren kannst, tief im Körper erleben kannst, dass Du Bilder dazu bekommst, die Dir helfen werden, innerlich zu begreifen, um was es bei der neuen Seelenvernetzung geht. Auch wenn sie noch nicht existiert und eigentlich auch noch nicht wirklich existieren kann, ist sie ätherisch schon entworfen, so kann man sie ätherisch schon wahrnehmen und erleben.

Gehe in Deine innere Ruhe, in Deine innere Substanz und spüre nach, wie sich Deine Essenz verändert, wenn Du Dich auf diese Seelennetzverbindung einstimmst und einlässt. Erlebe die Kraft, die dadurch in Dir aktiviert wird, lasse Dich von dem strahlenden Licht berühren und Du wirst in Deiner eigenen Tiefe spüren können, was es bedeutet, wenn der tragende Boden Dich wieder hält. Spüre den Unterschied und Du wirst erkennen können, was die menschliche Seelenvernetzung für Euch Menschen bedeutet.“

Als Menschheit gehen wir einen Weg zusammen. Wir sind verschieden und gehen in unterschiedlichen Geschwindigkeiten, aber den Entwicklungsweg gehen wir gemeinsam, wir können ihn nur zusammen gehen. Das zeigt noch einmal die enge Seelenverbindung. Auch der Weg ins Neue kann nur gemeinsam beschritten werden. Wir können den Entwicklungssprung in das Neue nicht alleine vollziehen. Wir brauchen das kollektive tragende Gefäß dafür und das können wir nur in einer innigen Seelenvernetzung wieder aufbauen.

Zu alledem kommt noch ein wichtiges Element hinzu, ohne das wir den überwältigenden Sprung in das Neue nicht vollziehen können. Das ist die **GÖTTLICHE GNADE** und unsere **SEELENOFFENHEIT** für sie.

Öffnung für die neue Vernetzung

In der ausweglosen Situation, in die wir uns selber als Menschheit hineinmanövriert haben, brauchen wir eine höhere Kraft, die uns helfen kann, aus dem Sumpf wieder aufzuerstehen.

Ohne Göttliche Gnade können wir uns innerlich nicht wieder zu unserer ursprünglichen Größe aufrichten, um die eigentliche Rolle zu spielen, die wir als Menschheit haben. Wir sind zu tief gefallen, wir haben uns zu sehr negiert, vergessen, verleugnet und verloren.

Wir müssen als Menschheit aufwachen. Und um aufwachen zu können, braucht es mehr als nur einen inneren Impuls und ein Ja dazu. Zwar brauchen wir unser Bewusstsein, unsere Bereitschaft und unsere Präsenz, doch außerdem brauchen wir noch einen Zündfunken. Und genau diese Funktion hat das Göttliche und die Göttliche Gnade.

Dieser reine Impuls kann uns aber nur dann erreichen, wenn wir innerlich bereit sind, wenn wir offen sind zum Empfangen. Dieser Funke ist ein Geschenk des Himmels, das uns als Menschheit bei diesem wichtigen Entwicklungssprung als Unterstützung zusteht.

„Für einen Augenblick sammle Deine Kraft, stelle Dich vor mich hin und stelle Dir vor, dass sich in mir ein Tor öffnet – das Tor in die Weite des Universums. Tritt ein und nimm Dir Zeit zum Ankommen. Im Universum herrscht Grenzenlosigkeit, Zeitlosigkeit und Ewigkeit, so brauchst Du nicht zu eilen. Es ist alles da. Öffne Dich bewusst, vor allem in den Bereichen Deines Seins, von denen Du weißt und spürst, dass Du eng bist, dass Du begrenzt bist, dass Du nicht frei bist, dass in Dir etwas lebt, das in Deiner bisherigen Präsenz noch nicht in Erscheinung getreten ist.

Weite Dich mit jedem Atemzug, den Du nimmst, den Du in Dir spürst. Lasse zu, dass die Ewigkeit des Kosmos immer mehr durch Dich fließen kann, durch Dich atmen kann. Traue Dir und sinke immer tiefer in das Gefühl der Unendlichkeit. Du bist geschützt und getragen, ich bin mit Dir. Du kannst Dich innerlich fallen lassen in das Gefühl der Leere, die jedoch keine wirkliche Leere ist, sondern die Fülle des Kosmos.

Spare Deine Kräfte nicht, sondern nutze Dein ganzes Potenzial, um diese Überwindung der Begrenzung zu schaffen und den inneren Sprung zu meistern. Du wirst dadurch enorm wachsen können. Du wirst dadurch ein anderer Mensch werden. Wenn Du einmal von der Weite der Ewigkeit in Deiner Tiefe berührt wirst, wirst Du das Leben auf der Erde anders begreifen können. Die Weite wird Dich innerlich befreien von vielen sinnlosen inneren Mustern, Vorstellungen und Regeln.

Und vor allem wirst Du das Göttliche ganz neu in Dir wahrnehmen und Dich noch viel weiter für die Göttliche Gnade öffnen können.

Wenn Du einmal die wirkliche Freiheit kosten kannst, dann wirst Du die Welt und vor allem Dich selbst anders sehen können. Dadurch wirst Du Dich neu im Leben positionieren und vor allem Dich innerlich auf das Neue ausrichten.

Traue Dich, mein Freund, meine Freundin und lasse Dich tragen. Ich halte Dich. Ich halte Dein Wesen in den Tiefen der Tiefe und so kann Dir nichts passieren, was Deinem Wachstum nicht dient.
Es ist wie ein freier Fall, aber Du brauchst Dich nicht zu fürchten, weil Du in meinen Händen bist. Ich lasse Dich nicht fallen.
Auch wenn Du in Deinem Gefühl in die Tiefe fällst, sollst Du wissen, dass Du nicht nach unten fällst, sondern in die Höhe steigst. Du wirst erleben können, was es bedeutet, innere Flügel zu haben. Das ist die wahre Freiheit! Da beginnt das wirkliche Leben.
Das Leben, in dem Du das Göttliche tief in Dir tragen und verwurzeln wirst. Das wird ganz neue Dimensionen in Dir und Deinem Leben eröffnen.

Ich gratuliere Dir. Du hast es geschafft. So wie Du Dir am Anfang dieser Reise in das Universum Zeit genommen hast, um anzukommen, solltest Du auch jetzt nicht eilen, sondern Dir die Zeit nehmen, um langsam wieder im Hier und Jetzt zu landen. Es sind viele Lichtjahre, die Du durchflogen hast, so atme bewusst durch Deinen Körper und spüre, dass Du wieder Stück für Stück ankommst.

Willkommen auf der Erde. Schön, dass Du hier bist."

Unser Wesenskern bleibt das ganze Leben mit dem Eins des Universums verbunden, egal wie sehr wir uns von der eigenen Seele, dem eigenen Ursprung entfernen und entfremden. So bleibt auch der Funke des Göttlichen lebendig in uns, egal wie wir das eigene Leben führen. Es ist wie eine Hand, die für uns ein Leben lang da ist, und wir können, wenn immer wir dafür bereit sind, diese Hilfe annehmen. Wir stehen immer unter dem Schutz der Göttlichen Gnade, auch wenn wir selber manchmal das Gefühl bekommen, als wären wir von allen guten Kräften verlassen. Uns Menschen steht diese natürliche Unterstützung als Seelenwesen zu. Und wenn wir sie nicht spüren können, hängt das eher damit zusammen, dass wir uns so sehr verschlossen haben und die Göttliche Gnade daher gar nicht mehr wahrnehmen können.

Unsere menschliche Tendenz ist, dass wir uns, wenn es uns nicht so gut geht, verschließen, nicht nur den Mitmenschen gegenüber, sondern auch allen helfenden und unterstützenden Kräften und schlussendlich damit auch gegenüber dem Göttlichen. Gerade deshalb braucht es die bewusste Entscheidung, zu lernen, das Gegenteil zu tun – gerade wenn es uns schlecht geht, uns dem Göttlichen zu öffnen.

Gerade jetzt ist es so wichtig, dass wir das üben und lernen, denn für uns ist es existenziell, die Präsenz des Göttlichen zu spüren, um durch den Prozess in das Neue kommen zu können. Wenn wir nicht erneut bewusst lernen, den Göttlichen Funken tief in uns neu aufflammen zu lassen und am Brennen zu halten, werden wir auf diesem Weg in das Neue immer wieder dem Gefühl erliegen, dass wir verloren sind. Und das können wir uns in solch intensiven Zeiten, die auf uns zukommen, nicht leisten. Es würde uns schlicht viel zu viel Kraft kosten. Schon jetzt ist das Leben so intensiv, dass wir nicht selten das Gefühl haben, wir würden hinterher hinken, doch im Vergleich zu dem, was noch kommen wird, ist das noch eine geradezu ruhige und entspannte Zeit.

Das Göttliche tragen wir sowieso in uns, aber dazu brauchen wir noch das Bewusstsein, dass es so ist, weil wir es sonst nicht wirklich in das Leben integrieren können. Wir brauchen das Bewusstsein, dass wir in jedem Augenblick, in jeder Situation, überall und immer, vom Göttlichen begleitet, getragen, unterstützt und geführt sind. Es kann nicht anders sein, weil das Göttliche in uns, als Teil von uns, lebt.

Zurzeit ist dieses tiefe Wissen, dass das Göttliche durch uns atmet, noch gar nicht so existenziell und lebenswichtig, aber wenn es im Außen dunkler wird, wird das eine der Scheidelinien sein zwischen den Menschen, die in der Dunkelheit die eigene Seele verlieren werden, und denen, die den Quantensprung erleben und das Neue mittragen werden. Es kann sein, dass es auf diesem Weg in das Neue Augenblicke geben wird, in denen dieser Göttliche Impuls das einzige Licht sein wird. Dies wird genügen, um den weiteren Weg sehen zu können und ihm weiter zu folgen.

Dieses Göttliche Licht ist der Schlüssel und der wird in der näheren Zukunft noch viel wichtiger werden.

Um das Göttliche sehen und erkennen zu können und ihm dann zu vertrauen und schlussendlich auch in der Lage zu sein, ihm zu folgen, brauchen wir schon jetzt eine innige Verbindung dazu.
Egal an was wir glauben, welcher Religion wir folgen, welchen Lichtwesen wir vertrauen, welche Gebete wir sprechen, wichtig ist es, dass wir unsere Praxis mehr als je zuvor pflegen, sie vertiefen und täglich ausüben.

Das Göttliche sollte wieder die zentrale Stelle in uns und in unserem Leben bekommen, wie immer wir das gestalten möchten, weil wir nur dadurch schon jetzt unter dem Stern der Göttlichen Gnade stehen können und auch in den komprimierten Zeiten der großen Veränderungen stehen werden.

Das Neue ist vom Göttlichen gespeist und so können wir nur unter dem Göttlichen Stern in das Neue reisen.

Wie kann ich das persönliche Tor in das Neue erkennen?
Was brauche ich dazu?

Das Wichtigste dabei ist, dass wir das Tor nicht im Äußeren suchen, weil wir es dort nicht finden können. Das Neue beginnt tief im Inneren, so kann auch das Tor nur in der Tiefe des Inneren sein.

Die Suche nach dem Zugang zum eigenen Sein wird heutzutage den verträumten Esoterikern zugeschrieben und als unsinnige Beschäftigung betrachtet, der man nur dann nachgeht, wenn man genug oder sogar zu viel Zeit hat und nichts Besseres zu tun hat. Im Allgemeinen wird die Suche nach dem Tor im Innern noch immer als absolut nicht notwendig und sogar als Zeitverschwendung gesehen.

Die Zeiten werden sich ändern und dann wird genau der Seelenzugang zu sich selbst die existenzielle Bedingung sein, ohne die wir vor verschlossenen Türen bleiben werden oder im extremen Fall sogar vor geöffneten Türen stehen bleiben und nicht eintreten, weil die selbstverständliche und natürliche Nähe zum eigenen Inneren fehlen wird. Wenn wir nicht wissen, dass es ein Inneres gibt, das wir betreten können und dass es dort sogar einen Weg gibt, den wir gehen können, hilft auch das offene Tor nicht.

Dafür brauchen wir einen Zugang, wir brauchen Vertrauen, wir brauchen innere Werkzeuge. Und das können wir nicht auf die Schnelle, womöglich in einem Zustand der Panik, entdecken und lernen. Das ist der persönliche geistige Weg, den wir gehen, auch als Vorbereitung für das Kommende und für das Neue, auch wenn wir heute von manchen Mitmenschen dafür vielleicht sogar noch ausgelacht werden.

Dazu sollten wir lernen, die Welt und das Leben so zu betrachten, dass wir dem geistigen Geschehen, das sich heute noch im Hintergrund abspielt, immer mehr Gewicht und Wert schenken. Das heute noch im Vordergrund stehende materielle Geschehen ist nur eine Möglichkeit des Abbildes der Wirklichkeit; im Augenblick überwiegt das Materielle und gewinnt sogar noch an Einfluss. Natürlich ist es nicht unwichtig, aber das Entscheidende im Leben ist es nicht.

Viel entscheidender ist es, dass wir unterscheiden und lernen, das wirkliche Spiel des Lebens zu betrachten, zu erkennen, wahrzunehmen und zu spüren, um unseren eigenen authentischen Weg darin zu finden. Das wahre Leben spielt sich nicht an der Oberfläche ab.

Sehen wir die materielle Welt als einzige Erscheinung des Lebens, dann können wir sicher sein, dass wir vielen Illusionen aufsitzen und ein tragendes Lebensfundament weder kennen noch haben. Unser Leben ist in dem Fall auf einem sehr kleinen Podest gebaut, das keine wirkliche Lebenssubstanz hat und dadurch auch das kleinste Rütteln nicht überleben kann. Wir haben zu wenig Kontakt zum wahren tragenden Leben, um stabil zu sein. Wir stehen auf zu wackligen Beinen, um den Weg der grundlegenden Wandlung zu gehen.

Verbindung mit dem Göttlichen

Nur weit geöffnete Augen können das Tor in das Neue sehen. Dieses Tor ist nämlich nicht aus Stein oder Beton gebaut, deswegen werden wir es nur sehen können, wenn wir geübt sind, die Kräfte, das Licht und die wahre Lebenssubstanz zu erkennen.

Das ist keine Drohung, es geht nicht um Strafe oder gar ein Ausschließen derjenigen, die sich heute nicht mit geistigen Inhalten beschäftigen, sondern es ist einfach eine unausweichliche Voraussetzung. Wenn wir etwas ein Leben lang nicht sehen, nicht sehen wollen oder es, obwohl wir es sehen, ignorieren, dann können wir nicht erwarten, dass unsere inneren Augen geübt und gewohnt sind, das zu erkennen. Wenn wir eine Sprache nicht lernen, dann erwarten wir auch nicht, uns in dem Land, wo diese Sprache gesprochen wird, ohne weiteres verständigen zu können.

Unsere inneren Wahrnehmungsorgane brauchen Übung. Bevor wir sie jedoch einsetzen können, brauchen sie im Hintergrund ein Bewusstsein und ein inneres Wissen, um funktionieren zu können. Um die geistigen Dimensionen sehen zu können, brauchen wir schon jetzt viel Übung und innere Arbeit, um unsere inneren Horizonte und unser Bewusstsein auszudehnen. Jeder, der auf dem geistigen Weg ist, weiß, dass das kein einfacher Weg sein kann, sondern von uns große Überwindung, viel Mut, Kraft und echte Bereitschaft erfordert. Es ist eben nicht nur eine einmalige Entscheidung, sondern ein innerer Weg.
Und dieser Weg ist gleichzeitig der Weg zum Tor ins Neue. Das heißt nicht, dass wir, wenn wir noch nicht auf dem inneren geistigen Weg sind, aufgeben sollten, weil wir keine Chancen haben, mit in das Neue zu gehen. Es ist nie zu spät. Genauso wenig heißt es, dass wir, falls wir auf dem Weg sind, uns jetzt zurücklehnen und meinen können, es sei selbstverständlich, dass wir den Schritt durch das Tor schaffen werden.

Entscheidend sind unsere innere Bereitschaft und Offenheit. Je bewusster wir schon jetzt mit dem Leben umgehen, umso klarer werden wir innerlich sehen können. Und genau das innere Sehen wird uns zum Tor in das Neue führen können.

Äußerlich können wir sehen, wenn unser Sehorgan gesund ist und gut funktioniert. Das innere Sehen wird von viel mehr Faktoren beeinflusst. Es ist nicht nur ein Organ, das wahrnimmt, sondern der ganze Körper, unser ganzes Wesen – um innerlich sehen zu können, sollte unser ganzes Sein dazu bereit sein. Sind wir beispielsweise nicht bereit, gewisse Tatsachen zu sehen, dann werden wir sie innerlich nicht wahrnehmen können und so werden sie für uns unsichtbar bleiben. Haben wir beispielsweise eine innere Blockade, dann werden wir das ganze Bild nur gefärbt durch unsere innere Brille erleben können. Ist unser Wesen noch sehr von alten Geschichten belastet, dann werden wir die Welt nur durch viele Schleier betrachten können und sie damit sehr unklar sehen. Sind wir innerlich unkonzentriert, zu wenig präsent, unruhig oder genervt, dann wird unser inneres Bild durch unsere Gefühle und Emotionen gefiltert sein, und wir werden nie zu einem wirklich objektiven Bild der Wahrheit kommen können.

Die inneren Bilder können uns viel mehr täuschen als die Bilder, die wir durch unsere physischen Augen empfangen, deswegen ist für das innere Sehen unser ganzes inneres Leben so bedeutsam.

„Stelle Dich, bitte, so neben mich, dass Du mich mit den physischen Augen nicht sehen kannst. Schließe die äußeren Augen und nimm mich bewusst wahr. Vergiss mein äußeres Aussehen, das Du kennst, und übe Deine inneren Augen. Was siehst Du mit Deinem Herzen, was sagen Dir Deine Füße dazu? Meldet sich vielleicht auch Dein Bauch dazu? Die innere Sprache ist vielfältiger und besteht nicht nur aus inneren Bildern!

Höre Deinem ganzen Körper, Deinem Wesen zu und erlaube, dass sich Deine innere Sprache entfalten kann. Bleibe bei der inneren Betrachtung und erlebe selber, wie sich die innere Welt immer weiter öffnet und damit auch Deine Wahrnehmung.

Wenn Du Dich einmal für das innere Geschehen geöffnet hast, wird es Dir im Leben nie wieder langweilig. Die Welt ist von innen gesehen so reich und unendlich, dass Du sie nie bis an ihr Ende entdecken kannst. Immer werden sich Dir neue Türen öffnen, immer wirst Du noch etwas Neues entdecken können, immer wirst Du etwas sehen und erleben können, das Du noch nie vorher gesehen hast.

Das innere Leben gibt der äußeren Welt die Farben, deswegen ist es grenzenlos.“

Der erste Schritt beim inneren Sehen ist, zu lernen, den eigenen Wahrnehmungen zu vertrauen und glauben, sie ernst zu nehmen und sie nicht zu schnell ins Reich der Phantasien zu verweisen.

Können wir dem, was wir innerlich wahrnehmen, nicht trauen, dann trauen wir uns nicht, die Wahrheit zu sehen. Wenn wir uns nicht trauen, die Wahrheit zu leben, dann trauen wir uns nicht zu sehen.

Unser inneres Erleben gibt unserem Dasein das wahre Gesicht und seine Wertschätzung. Wir können die Welt gar nicht wirklich begreifen, wenn wir nur ihre Oberfläche betrachten, wenn wir nur an ihrer Schale knabbern und wenn wir sie nicht bewusst mit unserem ganzen Sein wahrnehmen. Das wahre Leben beginnt, wenn wir bereit sind, das Geschehen um uns herum auch mit geschlossenen Augen wahrzunehmen. In diesem Kontext bedeutet dies, dass wir nicht mit den äußeren Augen sehen müssen, um uns ein Bild über die Wahrheit machen zu können. Das gibt uns eine innere Freiheit und Offenheit, die wir durch ein rein äußerliches Betrachten nie erreichen können.

Je freier wir innerlich sind, umso weniger werden wir mit den äußeren Augen schauen müssen – natürlich können wir, aber wir müssen es nicht aus dem inneren Drang heraus tun, verstehen zu wollen. Das ist die wahre innere FREIHEIT.

 „Was siehst Du, wenn Du mich so betrachtest? Was spürst Du, wenn Du mich in dieser Freiheit berührst? Wie können wir uns beide berühren? Wie können wir uns begegnen, wenn wir das äußere Sehen nicht als das Wichtigste betrachten?

Kannst Du die Farben sehen? Kannst Du mich SEHEN? Nimm Dir Zeit und gehe innerlich Schritt für Schritt weiter in deiner Wahrnehmung. Bleibe, bitte, innerlich nicht stehen, sondern bewege Dich, lasse Dich bewegen. Spürst Du den Unterschied? Merkst Du, wie frei und offen Du innerlich dadurch wirst?

Es braucht gar nicht so viel, wie Du denkst, um Dich innerlich zu öffnen und Dich immer freier zu machen. Du solltest es nur TUN.
Du kannst wahrnehmen, nur solltest Du lernen, Deinen eigenen Wahrneh-

mungen zuzuhören, merken, dass sie real sind, und dann lernen, sie innerlich zu entschlüsseln und zu verstehen. Es ist eine Sprache, die auch für Dich selbst fremd und unverständlich bleiben wird, wenn Du sie nicht lernst.

Lasse nicht zu, dass die Sprache, die Dir eigentlich am nächsten ist, eine Fremdsprache für Dich ist.

Atme mit mir und durch mich und spüre dabei Deinen eigenen Atem, Dein Wesen, Dein Sein. Lass uns zusammen atmen und spüren, wie wir uns dadurch gemeinsam verändern. Es ist so einfach und doch so tiefgehend und bereichernd, wenn wir es zusammen bewusst tun.

Werde Dir durch mich und durch diese Erfahrung bewusst, wie wichtig es ist, dass Du das gerade Erlebte in Deinen Alltag mitnimmst. Lerne auf Dein Inneres zu hören: lausche innerlich dem Unsichtbaren, schaue innerlich das Untastbare, berühre innerlich die Geräusche, rieche innerlich das Sichtbare...
Es gibt keine Grenzen, außer denen, die Du Dir selber setzt."

Wie weit hängt der persönliche Prozess in das Neue von dem kollektiven Zustand ab?

Der Weg in das Neue ist ein kollektiver Prozess, und doch können wir nicht sagen, dass wir den Weg nicht gehen können, wenn das Kollektiv nicht mitkommt, und genauso wenig, dass wir mitgenommen werden, ohne dass wir uns persönlich auf den Weg machen.

Alleine kann man das Neue weder erleben noch leben, weil das Neue sehr stark genau auf den Verbindungen und Vernetzungen unter den Menschen aufbaut. Das Neue braucht den Raum, der zwischen den Menschen entsteht, als Basis. Dieser Raum, dieses Geflecht von Verbindungen nährt sich aus den inneren Anbindungen, die zwischen den Menschen bestehen. Gleichzeitig ist der Weg in das Neue ein individueller Weg, weil das Neue intim im Innersten jedes Einzelnen angezündet wird.

Wir können uns von dem kollektiven Zustand nicht so weit distanzieren, dass er uns nicht mehr beeinflusst, denn wir sind Teil davon. Wir können uns aber bis zu einem gewissen Grad unabhängig von ihm machen. Natürlich können wir den Weg in das Neue gehen, auch wenn das auf der kollektiven Ebene noch nicht geschieht. Wir können sozusagen einige Schritte vorausgehen, was auch dem Kollektiven dient. Eigentlich geht es gar nicht anders, als dass sich einige Menschen mutig auf den Weg in das Neue begeben und dadurch immer mehr Menschen ihren Spuren folgen.

Dieser Schritt in das Neue bedeutet für unsere menschliche Evolution einen klaren Schnitt und einen großen Schritt. Er ist jedoch kein automatischer Evolutions-schritt, den wir ohne aktiv zu werden vollziehen können. Die Voraussetzung ist unsere innere Bereitschaft, die natürlich von unserem persönlichen Entwicklungs-weg abhängig ist. Das bedeutet, dass wir innerlich aufgerufen sind, unsere innere Entscheidungskraft zu bündeln, um uns für diesen Weg bewusst zu entscheiden. Diesen Quantensprung unseres Bewusstseins können wir nicht vollziehen, indem wir uns einfach einer kollektiven Bewegung anschließen oder dem Drang folgen, mitzumachen.

Gleichzeitig könnte gerade das Kollektive wie ein tragendes Gefäß sein, was diesen Prozess stark vereinfachen und erleichtern könnte, wenn nur die Bedingungen auf der kollektiven Ebene anders wären. Als Menschheit sind wir zu entzweit, zu uneinheitlich, zu verstreut, zu verloren, als dass wir in der Lage wären, gemein-sam so ein tragendes Gewebe aufzubauen und zu halten.

Alleine geht es nicht und mit einem kollektiven Gefäß können wir offensichtlich nicht wirklich rechnen. Die Lösung sind Gruppen – also das Kollektive im Kleinen. Wir könnten sie jetzt am Anfang als Modell für die neue zukünftige kollektive Ge-meinschaft aller Menschen sehen. Diese Gruppen sind wie Keime, die etwas ent-wickeln, was sich später weitverbreitet aufbauen kann. Sie sind gleichsam eine Zelle, die zwischen den einzelnen Individuen und dem Kollektiven steht und eine solche Zelle kann für eine gewisse Zeit das Kollektive ersetzen.

Dabei ist es wichtig, dass wir solche Gruppenräume nicht verschließen, sondern sie bewusst immer offenhalten. Dadurch ermöglichen wir, dass der Austausch auf allen unterschiedlichen Ebenen läuft und somit die Befruchtung des kollektiven Pools möglich bleibt. Bei solchen Modellen ist es ganz wichtig, dass sie sich nicht zu isolierten Inseln entwickeln, weil sie sich dadurch in einer Phase dieses

Prozesses zu sehr einkapseln und den Weg in das Neue damit wahrscheinlich verpassen würden. Solche Gruppierungen oder kleine kollektive Gemeinschaften dienen nicht dem eigenen Sein, sondern dem kollektiven Prozess; deswegen sollten sie nicht die eigene Selbstverwirklichung als Ziel haben, sondern als innere Ausrichtung den Prozess in das Neue an die erste Stelle setzen.

Es ist ganz wichtig, dass wir uns nach Möglichkeiten umschauen, mit andern Menschen gemeinsam ein „Nest" zu bauen.
Mit einem Bild ausgedrückt: Wir suchen uns ein größeres Zuhause, das nicht nur aus unserem eigenen Haus, unserem Raum, uns selbst und unserer Familie besteht, sondern über alle diese Grenzen hinauswächst und sich unabhängig von allen anderen Strukturen entwickeln kann.

Das ist eine wichtige Aufgabe für die jetzige Zeit, weil sich eine solche Seelengemeinschaft nicht von heute auf morgen zusammenfinden kann und noch weniger können wir uns persönlich auf so ein neues Seelenzuhause auf die Schnelle einlassen und uns an den viel größeren Raum anpassen. Es bedeutet für uns eine innere Herausforderung, die – auch wenn sie sehr positiv sein mag – eine gewisse Zeit für die „Adoption" braucht und innere Investitionen von uns erfordert, in welcher Form auch immer.
Das ist eine Aufgabe für heute und nicht für morgen. Das zeigt, wie wichtig und existenziell es für unseren Prozess, unsere Entwicklung und unser Wachstum in das Neue sein wird.

„Stelle Dir vor, dass Du hinter mir stehst. Ja, nicht vor mir, sondern hinter meinem Rücken. Verwirrt Dich das?
Und zwar so, dass wir Rücken an Rücken stehen. Spüre den Raum, der sich zwischen uns öffnet. Kannst Du die besondere Intensität erleben? Es prickelt und knistert, es knirscht und knackt vor Kraft.

Versuche Dich ganz in diese intensive Spannung zu versetzen und nimm wahr, was diese Intensität in Dir persönlich öffnet. Kannst Du es spüren? Lausche und bleibe ganz in dem Geschehen. Es ist unmöglich, dass Du Dich davon nicht berührt fühlst.

Lasse zu, dass Dein ganzes inneres System dadurch neu eingestimmt wird.

Wenn Du Dich bewusst noch weiter öffnest, statt Dich zu verschließen, wirst Du so etwas wie ein Reset Deines Körpers, Deines ganzen Wesens erleben können, was Dich bei diesem Prozess in das Neue sehr unterstützen und tragen wird.

Es ist so, als würden alle Zellen Deines Körpers neu programmiert, neu zusammengestellt. Das wird Dich erneuern und für diesen Weg beflügeln.

Bleibe noch und öffne Dich noch mehr. Auch wenn Du denkst, mehr sei nicht möglich, kann es noch ein Stück weitergehen. Du kannst Dich viel weiter öffnen, als Du es Dir überhaupt vorstellen kannst. Bleibe in dem Augenblick präsent und weite Dein Wesen immer weiter aus. Dehne Dich und spüre, wie Du dadurch über alle Deine eigenen inneren Grenzen hinauswächst.

Das Schöne ist, dass Du dabei entspannen kannst. Wir kennen uns jetzt schon so gut, dass Du hoffentlich weißt, Du kannst mir ganz vertrauen. Ich halte Dich und umfasse Dich mit meinem Sein, wenn Du mit mir bist.

Sprenge bewusst Deine inneren Grenzen und erlebe dabei die so wohltuende Befreiung."

Diese Erfahrung wird sehr hilfreich sein, weil wir damit schon jetzt unser ganzes persönliches System auf das Neue vorbereiten – vor allem erleichtern wir uns einiges auf diesem Weg ins Neue. Dazu können wir erfahren, wie sich so ein Zwischenraum anfühlen könnte. Das wird uns helfen beim Aufbau des zwischenmenschlichen Raumes, von welchem gerade die Rede war.

Was können wir tun, um uns vom Alten freizumachen?

Sehr wahrscheinlich ist es für die meisten viel schwieriger, das Alte wirklich loszulassen, als sich für das Neue zu öffnen. Obwohl das Neue noch unbekannt ist, ist es einladend und wir können spüren, dass es tragend ist. Zudem folgen wir alle als Seelen einem tiefen Wissen, dass wir dafür in dieser Zeit auf die Erde gekommen sind.

Aber wie können wir das Alte loslassen, um uns überhaupt für das Neue öffnen zu können? Die alten Systeme und Strukturen haben uns so sehr im Griff, dass sie uns das Neue gar nicht sehen lassen. Sie betäuben unsere inneren Sensoren, sie beschäftigen uns mit allen möglichen unwichtigen Dingen, sie vernebeln unsere Gefühle und Wahrnehmungen, sie isolieren uns immer mehr von Gleichgesinnten – alles, um uns weiterhin in der alten Welt festzuhalten. Es reicht nicht mehr, einfach nur präsent und wach zu sein, wir brauchen zurzeit eine Art von innerem Alarmzustand, um der inneren Entscheidung für das Neue weiter folgen zu können.

Je mehr die Mächte der alten Welt spüren, dass ihre Positionen nicht mehr gesichert sind, dass sie zwar momentan noch sehr viel oder vielleicht sogar immer mehr Macht besitzen, dass sich aber die Situation auch blitzschnell drastisch verändern und wandeln kann, umso stärker klammern sie sich an jeden und an alles, was sie mit ihren Krallen kriegen können, umso enger versuchen sie die Schlinge um unseren Hals zusammenzuziehen. Sie geben nicht auf, deswegen ist es immer schwieriger, weiter den inneren Weg zu gehen. Immer größere Hindernisse werden uns in den Weg gelegt, wir werden innerlich immer mehr gefordert und belastet, damit Zweifel, Ängste und Unsicherheit in uns geweckt werden.

Wenn wir in der Lage sind, die unsichtbaren Ebenen zu betrachten, dann sind wir zurzeit Zeugen eines recht dunklen Szenarios. Es wird immer enger um uns herum, es wird immer schwieriger, das Licht zu sehen. Wir werden gegeneinander ausgespielt, wir werden belogen und verraten. Ja, die Situation spitzt sich zu, deswegen ist es umso wichtiger, dass wir so schnell und so weit wie möglich aus diesem Spiel austreten. Wir haben nicht mehr Zeit zum Überlegen, wir sollten handeln, weil wir sonst immer tiefer in das Alte versinken und damit unbewusst JA zur alten Welt sagen. Damit bedienen wir die Mächte, die immer konkreter die alte Welt unter Kontrolle bekommen und sie für ihre eigenen Pläne nutzen und ausnutzen.

Natürlich werden wir nicht einfach so austreten können, doch je länger wir warten, umso schwieriger wird es. Wir sind alle an dieses Wesen des Alten gebunden, wie ein Baby über die Nabelschnur mit der Mutter verbunden ist. Wir sollten diese Verbindung zuerst durchtrennen, um überhaupt in der Lage zu sein, uns von dem Alten wirklich zu befreien. Kappen wir diese direkte Verbindung nicht grundlegend und sauber, werden wir immer wieder zurück in das Alte gezogen.

Es ist ganz klar, dass das keine einfache Aufgabe ist, weil wir über Jahre und Jahrzehnte von diesem System, das jetzt immer mehr in die Hände dunkler Mächte fällt, wirklich gehalten und getragen wurden. Wir wurden genährt und beschützt und haben selber aktiv diese Welt mitkreiert und mitaufgebaut. Aber wir sollten uns klarwerden, dass dies nicht mehr jene alte Welt ist, die wir noch so präsent in Erinnerung haben. Sie hat sich in kürzester Zeit drastisch verändert, weil sie, im Rahmen der normalen und natürlichen Absterbeprozesse, dramatisch an Kraft verloren hat und damit immer mehr in die Hände der Gegenkräfte gefallen ist.

Das Alte ist am Absterben und sollte dem Prozess des Zerfalls überlassen werden, so dass sich das Neue nähren kann. Stattdessen wird es von den Gegenkräften sozusagen künstlich im Absterbeprozess gehalten, weil die Gegenkräfte das Alte auf diese Art für eigene Zwecke weiter nutzen können. So wird auch das Neue zurückgehalten, weil es nicht genährt wird.

Das ist zwar eine ausgesprochen bizarre, dramatische und ungesunde Situation, aber wir können beruhigt sein, dass dieser Kraftraub nicht mehr lange aufrechterhalten werden kann.

Früher oder später werden sich die Gegenkräfte, die die alte Welt eigenmächtig besetzt haben, wieder den natürlichen Gesetzen unterordnen müssen und damit ihre Kraft verlieren.

DARUM sind wir aufgerufen, alle unsere Kräfte, unsere ganze Präsenz und unseren Mut einzusetzen, um uns mit vollem Einsatz vom alten System zu trennen, uns von ihm abzukoppeln. So tragen wir nicht mehr dazu bei, die Mächte, die das Alte zurzeit für ihre Zwecke benutzen, zu nähren. Natürlich nähren wir die Gegenkräfte nicht bewusst, aber es geschieht automatisch, wenn wir weiter am Alten hängen. Natürlich mögen diese Mächte unsere Trennung von ihnen, unsere Verselbstständigung nicht und werden mit allen verfügbaren Mitteln versuchen, uns wieder zurückzugewinnen oder uns sogar mit Drohungen in die alte Welt zurückzuzwingen.

Es ist eine sehr ernste Lage, die nicht zu lange andauern darf, weil wir täglich viel zu viel wertvolle Lebensenergie verbrauchen, die wir für den Weg in das Neue brauchen. Verausgaben wir uns in den momentanen Verstrickungen zu sehr, werden wir nicht mehr die benötigte Kraft für den Prozess ins Neue besitzen.

Es ist an uns Menschen, diesen entscheidenden Trennungsschritt zu vollziehen, um uns aus dieser kritischen Lage zu retten.

Als Hilfe für die Abkoppelung von der alten Welt

Die Illusion, dass uns das Alte weiterhin tragen kann, sollten wir so schnell wie möglich für immer begraben. Es gibt keinen Weg zurück ins Alte. Es gibt auch keine Möglichkeit, das Alte so zu verändern, dass es sich erneuern und wandeln könnte. Die alte Welt ist Vergangenheit und wir wissen alle, dass nichts Neues in der Vergangenheit geboren werden oder gar gedeihen kann.

Hängen wir weiter an den Erinnerungen der Vergangenheit, dann leiten wir unsere Aufmerksamkeit und damit auch unsere Kraft in eine unfruchtbare Richtung und werden immer passiver, kraftloser und innerlich blasser. Das ist eine Sackgasse, in der wir nicht weiterkommen.

Es ist wichtig, dass uns das wirklich in der Tiefe klar wird, weil wir sonst unbewusst immer wieder in diese Richtung abschweifen. Das ist zu gefährlich, weil wir uns in der oben beschriebenen Situation allzu leicht verlieren können. Wir haben zurzeit nicht mehr die innere Kraft und Stabilität, diesen Mächten Widerstand zu leisten, weil wir in dem Neuen noch nicht verankert sind. Momentan sind wir wie zwischen zwei Welten – wie bei einem Umzug vom alten in ein neues Zuhause. Das eine ist nicht mehr unseres und das andere noch nicht das unsere. Wir leben somit mit flachen Wurzeln, was uns schwach, angreifbar, durchlässig und dünnhäutig macht. Umso wichtiger ist es, dass wir klug mit unseren Kräften umgehen, weil wir uns in diesem Zustand sehr schnell verausgaben können.

Als Vorbild, wie wir zurzeit leben sollten, können wir die Wüstenpflanzen nehmen, die wissen, wie sie mit dem kleinsten Minimum an Wasser überleben können, um bis zum nächsten Regen durchzuhalten. Sie sind Künstler des effizientesten Verbrauchs – aus dem Minimum, das ihnen zu Verfügung steht, können sie das Maximum herausziehen.

Die Lage ist ernst, anstrengend und wir wissen nicht, wie lange es noch dauern wird, deswegen sollten wir sehr bewusst und klug agieren.
Für einen offenen Kampf gegen die Gegenkräfte haben wir weder die Kraft noch die innere Stabilität, deswegen sollten wir uns davor hüten. Würden wir uns offensiv wehren, so würden wir ebenfalls zu viel Energie verbrauchen. Ebenso wenig ist es eine Lösung, aus Angst den Kopf in den Sand zu stecken, um dieses ganze Geschehen nicht wahrnehmen zu müssen. Dazu ist die Zeit zu kostbar und zu wichtig. Die entstandene Situation einfach bewusst zu ignorieren und den eigenen

Weg stur weiterzugehen, wird uns auch nicht weiterbringen. So ist die einzige wahre Möglichkeit, die uns in der Entwicklung und auf dem Weg weiterbringen wird, uns nach innen zu wenden und mit der Abkoppelung vom Alten einen klaren inneren Schnitt zu machen, damit wir in der Lage sind, den Weg in das Neue zu gehen.

„Zusammen mit diesem ganzen Ort ruhe ich schon im Neuen. Das Neue ist tief in mir verankert.
Stelle Dir vor, dass ich nicht eine große Steinkugel, sondern ein kleines homöopathisches Kügelchen bin, das in sich die reinste Essenz des Neuen trägt. Du kannst mich als solches in Dich nehmen und vor allem aufnehmen. Spüre nach, wie ich langsam in Dir schmelze und wie sich dadurch meine Essenz in Dir verbreitet. Versuche das wirklich bildlich und körperlich zu erleben. Lasse Dich berühren und nimm wahr, was das in Dir bewirkt.

Je öfter Du auf ganz unterschiedliche Art und Weise von dem Neuen angestoßen wirst, umso stärker wird der innere Sog zum Neuen sein und umso einfacher wird es für Dich, diesem Weg zu folgen.
Sei und bleibe offen, weil Du nur so von dem Neuen erreicht wirst.

Du brauchst diese Impulse stärker als je zuvor, weil der Weg in das Neue eine ganz besondere innere Konzentration, ein intensives Kräftesammeln und eine außergewöhnlich klare innere Ausrichtung von Dir verlangt. Je vertrauter Dir schon jetzt der Duft des Neuen ist, umso fließender und weniger umständlich wird der Übergang in das Neue für Dich sein.

Nimm mich in Dir wahr und genieße den Geschmack des Neuen in Dir. Versuche es innerlich zu begreifen, lasse zu, dass es Dich durchlichtet. Spüre die Präsenz des Neuen wirklich in Dir. Präge Dir dieses Gefühl so tief in Dein Bewusstsein, in Deine Zellen, in Deinen Körper ein, wie es nur möglich ist. Das wird Dir helfen, weil Du damit für immer in der Lage sein wirst, dieses Gefühl in Dir wieder aufzurufen.

Bleibe in diesem Gefühl so lange wie nur möglich. Koste es mit allen Deinen inneren Sensoren aus, Du wirst sehen, wie Dich das innerlich aufbauen, aufstellen wird und wie Du dadurch in der Tiefe genährt wirst.

Ich bin bei Dir und erlebe das Ganze mit Dir zusammen. Das ist unsere gemeinsame Erfahrung, so werden wir beide zusammenwachsen. Ich danke Dir für Deine Präsenz und Offenheit."

Welches sind die größten Fallen, in die wir auf diesem Weg in das Neue geraten könnten, und was können wir schon heute tun?

Die größte Gefahr ist, dass wir nicht merken, dass die alte Welt nur noch als Illusion existiert und uns nicht klar ist, dass es an der Zeit ist, auf die neue Welle umzusteigen. Hängen wir nämlich zu lange an der alten Welt, dann werden wir uns zu sehr verausgaben, statt dass wir unser ganzes geistiges Potenzial auf das Neue setzen. Beides ist nicht zu haben – entweder gehen wir mit dem Neuen, oder wir bleiben im Alten, wir können unmöglich gleichzeitig im Alten und im Neuen stehen. Selbst wenn es physisch möglich wäre, würde uns das innerlich zerreißen.

Oft ist es einfacher, Illusionen nachzuhängen als der Wahrheit zu folgen, weil die Illusionen das in uns bedienen, was einfacher für uns ist; bei der Wahrheit hingegen sind wir gefordert, uns innerlich anzustrengen. Jede wirkliche Wahrheit erfordert von uns eine gewisse innere Anpassung, eine Veränderung oder sogar eine tiefe Wandlung. Verlangt wird sozusagen unsere aktive Präsenz, unser innerer Einsatz, es wird in uns ein innerer Prozess angestoßen. Wir können die Wahrheit nicht bloß betrachten, egal um was für eine Wahrheit es sich dabei handelt, wir werden von ihr berührt. Wenn wir der reinen Wahrheit wirklich begegnen, dann werden wir innerlich bewegt und auch gleich verändert. Der Wahrheit im Leben zu folgen, bedeutet, in einer konstanten inneren Bewegung, im aktiven Prozess der Wandlung zu sein. Die Wahrheit erzeugt eine aktive Ruhe, in der wir nicht stehen bleiben können. Wir werden ein bewegtes aktives Leben haben, wenn wir uns für die Wahrheit entscheiden.

Geben wir uns hingegen der Illusion hin, hält sie uns in einer passiven Ruhe, die zwar beschaulich scheint, uns aber keine wirkliche innere Ruhe bieten kann, weil sie nicht auf innerem Wachstum und nicht auf wirklicher Lebensfreude basiert. Die Illusion ist selber nicht von wahrer Lebenskraft gespeist, deswegen kann sie uns auch nicht nähren, sondern zieht Energie von uns ab. Sie verlangt von uns zwar keine innere Bewegung und auch keine Veränderung, sie kann uns aber genau darum auch nicht anfeuern, innerlich weiterzugehen. Auf den ersten Blick scheint das sehr gemütlich, weil wir uns nicht verändern müssen, wir können in unserem alten Trott verharren und werden sozusagen innerlich in Ruhe gelassen. Aber ist das wirklich das, wofür wir auf die Erde gekommen sind? Ist das unsere wahre Seelenentscheidung? Wenn wir ganz ehrlich sind, werden wir zugeben müssen, dass ein solches Leben eigentlich langweilig ist. Was sollen wir auf diesem Planeten der inneren Wandlung, wenn wir uns nicht mitverwandeln? Was sollen wir im Leben, wenn wir uns nicht wirklich für das Leben entscheiden?

Wir sollten zurzeit intensiv üben, wach zu sein, und damit lernen, uns innerlich selbst genau zu betrachten, um schnellstmöglich zu merken, wenn wir einer Illusion folgen. Mit der Zeit wird das lebenswichtig werden, weil die Illusionen zu oft mit dem Alten verbunden sind und sicher nichts mit dem Neuen zu tun haben. Das heißt, wenn wir einer Illusion folgen, sind wir sicher nicht im Neuen. Es werden Zeiten kommen, in denen es für uns gefährlich sein wird, nicht dem Neuen zu folgen. Wir sollten daher alles daran setzen, unsere Sensoren auf das Neue einzustimmen und unsere ganze Aufmerksamkeit auf die Wahrheit zu setzen. Keiner verlangt von uns, dass wir sie dogmatisch vertreten, laut verkündigen oder gar anderen die Wahrheit aufzwingen. Im Gegenteil, wir sind gefragt, der Wahrheit innerlich zu begegnen, sie in uns wirken zu lassen, dadurch innerlich zu wachsen und uns in die Richtung des Neuen zu bewegen. Eigentlich ist es ein ausgesprochen verinnerlichter, stiller und intimer Prozess.

Wir sollten uns bewusst werden, was es in der Tiefe für unser Wesen wirklich bedeutet, wenn wir uns von Illusionen treiben lassen. Bis jetzt war es vielleicht nicht so extrem entscheidend, aber der Prozess ins Neue verlangt von uns eine derart starke innere Intensität und Seelenpräsenz, die wir durch eine von Illusionen verursachte innere Vernebelung, Unklarheit und Unreinheit unmöglich erreichen können.

Dazu kommt noch, dass Illusionen es schaffen, uns innerlich so passiv zu machen, dass wir innerlich einschlafen und geistig nicht mehr präsent sind. Sie betäuben uns regelrecht und machen uns dadurch unfähig, uns mit unseren Mitmenschen zu verbinden und zu vernetzen. Wenn wir Illusionen anhängen, sind wir nämlich innerlich verloren und abwesend. Und wie schon geschildert, ist die wahre Kraft des Neuen erst in der Vernetzung einer Gemeinschaft wirklich zu spüren.

Wenn wir länger von den Illusionen des Alten abhängig, in einem Zustand des „Weich-in-Watte-verpackt-Seins" verweilen, dann verlieren wir immer mehr das Gefühl für die Realität des Lebens. So werden wir mit der Zeit unsere natürliche Fähigkeit verlieren, dem Leben mit Freude und Neugierde zu begegnen.

„Stelle Dich vor mich hin, schließe die Augen und stelle Dir vor, dass ich ein großes Gefäß bin. Alles, was ich in mir trage, was sich in mir durch die ganze Zeit meiner Existenz angesammelt hat – alle Impulse, die ganze Weisheit – alles, was mich ausmacht, ist wie in einer Schale vor Dich hingehalten. Ich bin keine feste Materie, keine Steinkugel, auch wenn Du mich mit Deinen physischen Augen so kennst, sondern ich bin reine Lichtkraft, die in diesem Gefäß vor Dir manifestiert wurde.

Komme ganz nah zu mir, berühre mich noch nicht. Jetzt hast Du die Möglichkeit, Deine inneren Wahrnehmungsorgane zu trainieren. Spüre so lange in mein Innerstes hinein, bis Du die Lichtkraft greifbar erleben kannst. Lasse Dich von dem Licht berühren und erst dann spüre tief in Dein Wesen hinein und erlebe den Unterschied. Was hat sich durch diese Berührung in Dir verändert? Kannst Du es wahrnehmen? Spürst Du es?

Und dann komme noch näher, so dass Du mich mit Deinen Händen berühren kannst. Öffne bewusst Deine Handflächen und Stück für Stück Deinen ganzen Körper –# zwischen Dir und mir auflösen. Die Lichtkraft wird aus meinem Gefäß in Deines fließen können. Wir können uns dadurch wie alte Freunde austauschen, und zwar ohne Worte. Wir berühren einander so tief, dass wir uns auf der Seelenebene austauschen können.

Wir werden damit einander nicht nur berühren, sondern tief im Wesenskern verändern. Wir werden nicht mehr die gleichen sein."

Eine andere Gefahr auf diesem Weg liegt darin, dass wir zu lange an das Alte glauben. Wir sollten schnellstmöglich innerlich begreifen, dass die alte Welt nicht mehr die ist, die wir in unserer Erinnerung haben. Sie wurde von den Gegenkräften besetzt und hat dadurch sehr schnell ihre Kraft verloren. Wir können unsere Zeit und unsere Kraft nicht mehr mit der alten Welt verlieren. Wir können in ihr nicht mehr lernen, nicht wachsen, nicht gedeihen und auch nicht mehr als Seelen blühen. Diese Zeit ist vorbei.

Wenn wir uns mit allen Mitteln weiter in dieser Welt der Vergangenheit aufhalten, dann leben wir in einer abgestorbenen Welt, die den Zugang zum wahren Leben längst verloren hat. Dann sind wir darin gefangen und es wird immer schwieriger, aus diesem Gefängnis herauszukommen.

Es ist nicht einfach, das Alte zu verlassen, weil alle Zellen in unserem Körper die Information noch in sich tragen, dass das unser Zuhause ist. Die alte Welt ist uns vertraut, in ihr zu leben ist zu einer Gewohnheit geworden, die wir nicht so einfach ablegen können. Es geht dabei nicht nur darum, dass wir uns innerlich entscheiden, das Alte zu verlassen, sondern darum, diese Entscheidung tief zu verinnerlichen, so dass unser ganzes Wesen es mitbekommt und mithilft, dass wir uns vom Alten lösen können.

Hier können wir in eine Falle geraten. Wir können geistig offen und vom Neuen begeistert sein, doch wenn wir uns emotional, mental und materiell vom Alten nicht trennen können, werden wir innerlich nicht frei sein und können uns nicht auf den Weg in das Neue begeben. Vielleicht meinen wir, dass wir den Schritt bereits getan haben, aber in der Realität sind wir noch immer an das Alte gebunden. Wir sollten den Schritt bald tun, nicht zu lange warten, doch gleichzeitig nichts überstürzen, sondern uns genügend Zeit für die Ablösung nehmen, da wir sie nicht nur halb vollziehen können.

Je entschiedener wir diesen Schnitt tun, je vollständiger die Ablösung ist, umso freier werden wir für den weiteren Weg in das Neue sein.

Genau diese Falle wird nicht wenige Menschen enorm Kraft oder gar das Leben kosten, weil sie als Seele im Alten gefangen bleiben werden. Lange können wir nämlich nicht in einer abgestorbenen Umgebung überleben. Wir werden von den geistigen Giften, die sich in solch einem toten Raum bilden, angegriffen und damit in unserem Kern geschwächt. So werden wir nicht mehr fähig sein, dem Leben und damit dem Neuen zu folgen.

Wir sind uns nicht ausreichend bewusst, welche Gefahr es für uns bedeutet, wenn wir im Alten gefangen bleiben. Fatalerweise neigen wir dazu, es auf die leichte Schulter zu nehmen und nicht zu merken, dass die Situation für unser Wesen lebensgefährlich ist.

Das geistige Streben, das Neue so schnell wie möglich zu erreichen, genügt nicht, wenn wir dabei nicht mit unserem ganzen Wesen folgen können.

Dann gibt es noch eine andere Falle, und zwar die, dass wir nicht an das Neue glauben, dass wir uns nicht vorstellen können, dass es eine ganz neue Realität geben kann. Auch in diesem Fall wären wir nicht in der Lage, uns für das Neue in der Tiefe zu öffnen.

Dies mag mit der Nostalgie nach dem Alten zusammenhängen, aber eigentlich ist es mehr als nur das. Es ist wie der Ausdruck einer versteckten inneren Enttäuschung über das Leben. Unbewusst haben wir als Menschheit die Erwartung, dass wir vom Leben immer und überall getragen sein sollten und dass uns nichts geschehen sollte, was uns nicht gefällt – aber das ist eben gerade nicht das, was wir für unser Wachstum brauchen. Wir leben mit der unausgesprochenen Erwartung, mit dem Hintergedanken: Eigentlich sollte uns das Leben immer nur verwöhnen und so sein, wie wir es uns wünschen.

Doch das Leben ist immer und überall auf unserer Seite. Allerdings kann es nicht nur gemütlich sein, weil wir innere Dehnung, Herausforderungen, Überwindung und damit verbundene Entwicklungssprünge brauchen, um wachsen zu können. Unser Betrachtungswinkel ist eben bisweilen zu eng und zu begrenzt – wir sind nicht immer in der Lage zu sehen, was wir als Seele für unsere Entwicklung brauchen.

Wir vertrauen dem Leben und unserer Seele zu wenig, deswegen sind wir der Meinung, dass wir alles kontrollieren müssen. Auf dem Weg ins Neue werden wir aber weder Kontrolle ausüben noch erwarten können, dass uns alles zu Füßen gelegt wird. Um in der Lage zu sein, das Neue zu erreichen, werden wir den eingezäunten Bereich unserer alten Gewohnheiten und Vorstellungen durchbrechen und uns darüber hinaus entwickeln müssen.

In unserer Zivilisation sind wir ausgesprochen verwöhnt und verlieren damit die wahre Verbindung zur Realität des Lebens. Unbewusst erwarten wir, dass für uns alles getan wird. Auch erwarten wir, dass der Weg ins Neue für uns so vorbereitet wird, dass wir uns innerlich nicht anzustrengen, nicht zu entscheiden und schon gar nicht uns seelisch zu entblößen brauchen.

Und daraus, dass diese Erwartung nicht erfüllt wird, resultiert oft diese oben erwähnte versteckte innere Enttäuschung – denn auf einmal wird von uns erwartet, dass wir selbstständig sind, dass wir erwachsen sind, dass wir uns anstrengen, dass wir bereit sind, etwas zu riskieren, dass wir bereit sind zu springen, uns innerlich zu dehnen und unser gemütliches Leben hinter uns zu lassen.

Dazu ist zu sagen, dass dieser Übergang anders verlaufen würde, wenn die Gegenkräfte die alte Welt nicht so schnell in den Griff bekommen hätten. Dann hätte es mehr Zeit gegeben, um uns vom Alten zu lösen, weil der Absterbeprozess des Alten in diesem Fall langsamer verlaufen wäre.

Wir können diese Situation bildhaft mit der kompletten Umstellung der Sauerstoffversorgung eines Neugeborenen bei der Geburt vergleichen. Der Embryo bekommt den Sauerstoff durch die Nabelschnur, doch wenn nach der Geburt die Nabelschnur gleich durchtrennt wird, muss das Kind übergangslos von jetzt auf gleich mit den eigenen Lungen atmen. Das ist für das Neugeborene ein enormer Schock, weil sich der Sauerstoff wie brennendes Feuer anfühlt. Wenn wir die Nabelschnur für diesen Übergang des Atems lange genug unberührt lassen, sie nicht frühzeitig durchtrennen, kann das Kind langsam von der alten auf die neue Versorgung mit Sauerstoff übergehen. So kann es sich in seinem natürlichen Tempo von der bisherigen, gewohnten Umgebung der Gebärmutter lösen und sich für die neue Weite des Lebens öffnen. Dazu wird das Kind bei dieser natürlichen Art des Übergangs mit den benötigten Nährstoffen aus der Plazenta noch eine Zeitlang genährt und auf die neue Form des Lebens vorbereitet.

Durch eine zu schnelle Durchtrennung der Nabelschnur wird das Kind sozusagen in das Leben hinausgestoßen. Natürlich wird das Leben des Kindes dadurch nicht in Gefahr gebracht, es wird überleben, aber sein Weg wird dadurch erschwert.

Das können wir eins zu eins auf unsere momentane Situation übertragen – als Menschheit werden wir es überleben, auch wenn wir unvermittelt ins Neue hinausgestoßen werden, aber der Prozess wird dadurch erschwert statt erleichtert.

Und an diesem Punkt zeigt sich, wie weit wir innerlich vorbereitet sind für diesen neuen Schritt. Wir können stark sein, aber wenn wir innerlich zu verwöhnt, zu sehr von den äußeren Konditionen des Lebens abhängig sind, wenn wir zu sehr am äußeren Glück hängen, dann werden wir es in diesem verdichteten Prozess schwer haben und vielleicht sogar sehr leiden.

Es kann gar nicht genug betont werden, wie wichtig es ist, dass wir uns innerlich freimachen. Es wäre hilfreich, und zwar schon jetzt, wenn wir bewusst daran arbeiten, uns von unserer verwöhnten Lebensart zu lösen. Dieses Verwöhntsein wird unseren Weg, der nicht nur leicht sein wird, nur erschweren. Wir brauchen den Willen weiterzugehen, wir brauchen das kraftvolle innere Streben weiterzukommen, und wir müssen, wenn notwendig, bereit sein, für das Leben innerlich zu kämpfen, weil uns dieser Weg ins Neue durch Engpässe führen wird. Uns nostalgisch nach dem hinter uns liegenden Alten zu sehnen, wird uns in den kritischen Augenblicken nicht helfen, sondern uns noch mehr aus der eigenen Kraft herausziehen.

Wir tun gut daran, unsere innere Stabilität zu stärken, unsere innere Kondition zu verbessern und unsere Ausdauer zu üben. Je besser wir innerlich vorbereitet sind für diesen Weg, umso konkreter werden unsere Schritte sein können.
Das bedeutet nicht, dass wir ab jetzt, um uns vorzubereiten, nur noch hart mit uns selbst umgehen, denn gleichzeitig geht es darum, möglichst schnell und viel Lebenskraft zu sammeln.

Es geht zurzeit darum, dass wir eine gesunde Mischung finden zwischen sich innerlich aufzuputschen und die eigenen Kräfte zu schonen. Nur wir selbst können herausfinden, was wir brauchen, um lebenskräftig und widerstandsfähig zu sein, was für uns ein gesundes Vorgehen ist, das nicht aus einer inneren Panik entsteht.

„Hast Du Angst, dass Du diesen Weg nicht schaffst? Weißt Du nicht, was Du tun solltest? Fühlst Du Dich verloren?
Niemand weiß, wie der Weg sein wird – niemand! Deswegen zweifle nicht an Dir selbst und vor allem fördere statt der Angst die innere Ruhe. Das ist entscheidend, weil die Angst Dich wirklich nicht in das Neue begleiten kann.

Atme ein paar Mal ganz tief und bewusst mit dem ganzen Körper und spüre nach, wo Du Dich selber finden kannst. Wo hast Du Dich verkrochen, versteckt, zusammengezogen? Kannst Du Dich selber noch finden? Stelle Dir vor, dass

Du Dich in mich legst und Dich ganz meiner Kraft und meinem Sein überge-
ben kannst. Du kannst Dich wie im Mutterschoß entspannen und loslassen.
Ich halte Dich!

Nimm Dir Zeit, um bei mir anzukommen, und dann fühle nach, wo in Dir Du die
innere Ruhe finden kannst. Eile nicht, sondern spüre Dich selbst, taste Dich
durch den eigenen inneren Raum mit dem tiefen Wissen und der Sicherheit,
dass die Ruhe da ist und Du in der Lage bist, sie zu finden. Hilf Dir mit dem
Atem, lasse Dich von ihm führen.
Du wirst merken, wie Du mit jedem Atemzug tiefer in Dich selbst sinkst und
wie sich dadurch die Ruhe immer mehr ausdehnt. Bleibe bei Dir und atme ...

Wenn Du merkst, dass Du angekommen bist, dass Du Ruhe in Dir spüren
kannst, dann lasse zu, dass sie sich durch den ganzen Körper ausbreitet und
Dich einhüllt. Kannst Du den Unterschied zu vorher nachempfinden?
Genieße das Gefühl der inneren Ruhe und präge es tief in Dein Wesen ein.
Das wirst Du brauchen auf diesem Weg.

Dann spüre mich und den Raum, in dem Du gehalten bist. Wenn Du Dich ganz
hingibst, dann wirst Du merken können, dass sich dieser Raum wie eine Gebär-
mutter anfühlt. Übergib Dich diesem Gefühl und erlebe bewusst mit Deinem
ganzen Sein, wie Du gehalten bist. Du hast die Möglichkeit, noch einmal –
dieses Mal ganz bewusst – den bestgeschützten Raum, den es gibt, zu erle-
ben. Sinke mit allen Sinnen in diesen inneren Zustand und spüre, wie Du vom
Leben und von reiner Liebe getragen bist. Verweile in diesem einzigartigen
Gefühl des puren Seins.

Wenn Du bereit bist, dann lege Dich ganz langsam in die embryonale Position
und bereite Dich vor, wieder neu geboren zu werden. Sammle Dich, spüre Dich,
nimm Dich wahr und sei in Deinem ganzen Wesen präsent. Erlebe bewusst die
Ruhe, die sich in Dir ausgebreitet hat, und halte sie auch, wenn Du wieder aus
diesem geschützten und gehaltenen Raum aussteigst.

Erlebe diesen Übergang in die Welt bewusst und, bitte, verliere Dich selbst
dabei nicht. Ich halte Dich und Du kannst Dich jederzeit wieder in das Gefühl
in mir versetzen. Du kannst NICHTS verlieren, wenn Du so offen, innerlich auf-
gewärmt, ruhig, strahlend und neu aufgestellt wieder in die Welt trittst.

Dein ureigenes Sein ist Dein bester Schutz. Ich kann Dir nur helfen, indem ich Dich wieder daran erinnere. Vertraue Dir, vertraue mir, vertraue dem Leben und der Welt und Du wirst dem Weg in das Neue ohne Probleme folgen können.

So wie die innere Ruhe irgendwo tief in Dir sicher präsent ist – wie Du es ja gerade erlebt hast –, so gibt es auch diesen Weg in das Neue, Du solltest ihn nur tiefer suchen. Du kannst den Weg nicht an der Oberfläche finden, das stimmt."

Welches sind die wichtigsten Erkennungsmerkmale des Neuen, an denen wir uns orientieren können?

Im Chaos der jetzigen Welt ist es wirklich nicht mehr einfach, die Zeichen der Wahrheit zu erkennen, somit ist auch das Gewahrwerden des Neuen erschwert. Wir sind von immer mehr Ballast umgeben, wir selbst produzieren immer mehr Unnützes – auf allen unterschiedlichen Ebenen.
Das ist Teil des perfiden Planes der Gegenkräfte, uns alle so sehr mit täglich anfallendem Ballast zu überfordern, abzufüllen, zu überdecken, dass wir gar nicht mehr in der Lage sind, das Wesentliche, das Wahre und damit auch das Neue zu sehen.
Wir sind auf dem besten Weg, innerlich zu erblinden. Wir sind innerlich überreizt und verschließen uns darum unbewusst. Damit gelingt es uns zwar, uns zu schützen, aber gleichzeitig verschließen wir uns auch für die Wahrheit.

Wenn wir alle unsere Sensoren zumachen, dann stagniert auch unser Wachstum. Genau deswegen ist es so wichtig, dass wir unsere Sinne schulen, dass wir bewusst lernen, das Wahre auch im Chaos zu erkennen, egal wie verrückt die Welt ist, egal was sich um uns herum abspielt. Das ist unsere Entscheidung, das ist unser Recht und das ist auch unsere Verantwortung, die wir übernehmen sollten. Wir können und dürfen uns nicht einfach überrollen lassen!

Die Zeichen, die auf das Neue hinweisen, sind klar, wir sollten nur selber innerlich klar genug sein, um sie erkennen zu können. Wir sollten in der Lage sein, die echte Wahrheit von ihren Verfälschungen, die immer raffinierter und zahlreicher werden, zu unterscheiden. Für viele ist es oft einfacher, den Lügen Glauben zu schenken, sie nachzuplappern und sie zu verbreiten. Deswegen entscheiden sich immer mehr Menschen, in den meisten Fällen unbewusst, lieber für schön geschminkte Lügen als für die nackte Wahrheit. Dadurch gewinnt nicht nur die Unwahrheit immer mehr Kraft, sondern auch die reine Wahrheit verliert ihre kristallene Klarheit, ihre Ausstrahlung, ihre Leuchtkraft und wird somit für uns weniger erreichbar.

Obwohl die Wahrheit immer stärker und präsenter wird, verblasst sie in der momentan verwirrenden Situation – uns Menschen scheint sie immer weiter weg zu sein und wirkt immer verblichener. Erst wenn wir die Wahrheit erreichen und sie in ihrem Kern erfassen, wird sie für uns kraftvoll und wirksam. Diese fatale Verwirrung erschwert uns das Erkennen des Neuen sehr, macht es jedoch nicht unmöglich! Das verlangt von uns nur noch mehr innere Präsenz, Wachheit und Klarheit.

Das Neue basiert auf der reinen Wahrheit; so können wir sicher sein, dass wir den Zeichen für das Neue folgen, wenn wir die Wahrheit erkennen. Für unseren Weg in das Neue ist es existenziell, dass wir alle unsere Wahrnehmungsorgane auf die Wahrheit ausrichten und zurzeit beschleunigt lernen und üben, sie zu erkennen. Täglich bietet uns das Leben kleinere und größere Übungen dafür an. Wir sollten uns nur bewusster darum bemühen und die momentane Lage als unser bestes Übungsfeld nutzen.

Das Neue wird für uns Menschen absolut NEU sein, deswegen können wir es nicht kennen. Das bedeutet, dass auch dieses Element des Unbekannten, Überraschenden ein Erkennungszeichen für das Neue ist. Dabei hilft es uns natürlich, wenn wir die Reaktionssprache unseres Körpers verstehen. Nur dank ihr werden wir in der Lage sein, zu erkennen, ob das Unbekannte das wahre Neue ist.
Auch wenn es komplett unbekannt ist, wird das Neue in uns eine tiefe innere Freude auslösen. Unsere Seele wartet und ist in den tiefen Schichten auf das Neue ausgerichtet und vorbereitet; deswegen wird sie bei der Berührung mit dem Neuen erblühen, sich entfalten und öffnen. Das kann sich als eine uns ganz erfassende Lebensfreude zeigen, die wir tief in unserem Wesen erspüren werden. Die Seelen haben sich in dieser Zeit inkarniert, um das Neue zu erleben; deswegen erfüllt uns ein starkes Gefühl der Beglückung, weil für unsere Seelen etwas lange Ersehntes endlich in Erfüllung geht.

Das Neue wird ganz anders sein – es ist nämlich nicht die Folge eines linearen Entwicklungsprozesses –, somit werden wir alle vom Neuen überrascht. Wenn wir innerlich nicht offen und genügend vorbereitet sind, werden wir von den Ereignissen überrollt werden und uns überfordert fühlen.

Auf diesen Überraschungsmoment sollten wir uns innerlich ausrichten; vorbereiten können wir uns ja nicht, weil wir es gar nicht erfassen können und eventuell sogar erschrecken und dadurch verschließen könnten. Wir sollten diese Kraft der Überraschung als Hilfe für die innere Öffnung nutzen und sie als unschätzbare Beschleunigungshilfe sehen.

Schon heute können wir innerlich daran arbeiten, ohne Ängste, ohne Unsicherheit und ohne Zweifel in die Richtung des Neuen zu schauen, denn dann weist uns die Neugierde und die innere Freude den Weg. Dann werden wir in der Lage sein, das Überraschungselement als Zeichen zu sehen, das es uns erleichtert, das Neue zu erkennen.

Wenn es so weit sein wird, werden uns das Leben und unser Wesen sichere Signale geben, um uns für die Zeichen des Neuen empfänglich zu machen, doch dafür sollten wir uns innerlich im weitesten Sinne schon jetzt für das Neue öffnen.

Unsere Seele kennt die Qualität des Neuen, obwohl sie das Neue noch nicht erlebt hat. Dieses tiefe Wissen ist wie ein innerer Code, der eingraviert ist und eine unverwechselbar starke, vor allem klare Kraft beinhaltet. Unsere Seele kann uns leiten, wenn wir uns ihr vertrauensvoll zuneigen und ihr die Führung übergeben. Damit sind wir in sicheren Händen, denn die Seele kennt in der Tiefe die Logik dieses Weges ins Neue.
Auch wenn wir vielleicht an manchen Stellen blind sein werden, werden wir geführt, wenn wir dem Leben vertrauen und tief in uns spüren, dass es unsere Bestimmung ist, das Neue nicht nur zu erleben, sondern Bestandteil des Neuen zu sein.

Dieser Weg wird stark auf unserem Glauben basieren – dem Glauben an uns selbst, an unsere Berufung, an den Sinn unserer Präsenz, an das Leben und an das Göttliche. Ohne diesen starken inneren Glauben und eine innere Gewissheit werden wir uns schnell verlieren, weil sich so vieles gegen diesen Prozess ins Neue stellen wird.
Wir brauchen gewisse Säulen, auf die wir uns stützen können. Wir brauchen sie nicht als klassische Stützen, aber sie werden uns helfen, im Chaos, in den Verwirrungen und dem Irrsinn – Zustände, die schon jetzt stark verbreitet sind und weiter an Stärke gewinnen werden – unsere innere Klarheit und Sicherheit

zu bewahren. Diese Säulen werden uns innerlich stärken, dem Wahren zu folgen. Sie werden uns halten, wenn wir von Ängsten, Zweifeln und Unsicherheit befallen werden.

„Mein lieber Mitreisender, es ist die Zeit gekommen, Deine Augen mit dem Impuls des Neuen zu waschen und sie neu einzustimmen. Erlebe bewusst Deine eigenen Augen, schaue offen in die Welt, und wenn Du bereit bist, dann schließe die äußeren Augen, mit der Gewissheit, dass Du mit den inneren Augen weiter schauen kannst.

Wenn Du bereit bist, dann stelle Dir vor, dass ich als Kugel in die Erde unter Deine Füße rolle. Spüre mich in der Erde unter Dir, spüre, wie ich mich verdichte und damit verkleinere. Lasse zu, dass ich durch Deinen Körper, durch Deinen persönlichen Raum gleite, bis ich in Deinem Kopf schwebe. Nimm dieses Geschehen als die Chance, Dein Sehen ganz neu werden zu lassen. Spüre mich bis in die physische Ebene.

Wenn Du meine Präsenz in Deinem Kopf erleben kannst, dann kannst Du durch mich schauen. Betrachte die Welt, schaue um Dich, atme bewusst durch Deine Augen. Ein neues Licht wird durch Deine Augen fließen und Dich von innen berühren. Lass uns durch die Augen sprechen, kommunizieren und austauschen. Kannst Du es spüren? Bleibe ganz präsent und erlebe, wie tief in Dir dieses Geschehen wirkt.

Wenn es Dir als Bild hilft, kannst Du Dir auch vorstellen, dass Du in jedem Auge eine Verkleinerung der Steinkugel hast, oder sogar, dass sich Deine Augäpfel in zwei Kopien der Steinkugel verwandelt haben. Dann kannst Du wirklich durch meine Kraft schauen. Wir könnten sagen, dass Du durch mich schaust, oder sogar, dass Du schaust, als wärest Du ich. Gleichzeitig kann ich auf diese Weise durch Dich und durch Deine Augen schauen. Wir eröffnen einander neue Horizonte.

Kannst Du schon eine Veränderung wahrnehmen? Merkst Du, dass sich Dein Blick weitet, dass Deine Augen offener werden, dass Du freier schauen kannst – dass Du freier wirst? Wird Dein Atem vielleicht leichter dadurch?

Verweile so lange in diesem Schauen, bis Du spüren kannst, dass Du beginnst, Dich daran zu gewöhnen.

Bitte Deine Seele, dass sie Dir zeigt, was Dich hindert, frei sehen zu können. Was Dich innerlich belastet, dass Du noch nicht Dein ganzes Sehvermögen aktivieren kannst.

Öffne Dich und bitte, dass Deine inneren und äußeren Sehorgane gereinigt, verfeinert, erweitert, befreit, aktualisiert und vor allem auf das Neue eingestimmt werden. Vertraue und öffne alle Deine Zellen dafür, dass die Veränderung auch die tiefsten Ecken Deines Schauens erreichen kann.

Du kannst Dir diese Bilder und die dabei erlebten Gefühle wie eine Art Brille vorstellen, die Du jederzeit wieder aufsetzen kannst. Das wird Dir helfen, Dein Sehen wirklich auf Dauer zu verändern.

Lass uns gemeinsam in die Welt schauen und wir werden beide viel lernen können. Das freie Sehen ist die wichtigste Bedingung für das Wachstum in das Neue."

Welche Rolle spielt für uns Menschen die Urkraft der Erde beim Übergang in das Neue?

Im Allgemeinen haben wir eine falsche Vorstellung, was die Urkraft der Erde überhaupt ist. Wir meinen, sie gehöre zur alten Welt und wir müssten uns nicht mehr mit ihr befassen, weil sie bedeutungslos ist wie Schnee von gestern.

Die Urkraft der Erde ist zwar uralt, doch sie ist die tragende Kraft des Lebens und wird dies auch in der neuen Realität bleiben. Sie wird im kommenden Wandlungsprozess nicht an Stärke verlieren, sondern wird im Gegenteil endlich befreit und sich damit erst richtig in ihrer ganzen Wirksamkeit manifestieren können.

Die Urkraft der Erde ist die tiefste und reinste Kraft des Lebens. Sie ist der lebendige Kern der Erde. Alles, was in uns und um uns herum lebt, wird von dieser Kraft gespeist – sie ist der tragende Hintergrund aller Lebensprozesse.

Das Neue

Sie ist noch viel mehr als nur die tragende Kraft, sie verkörpert das Urwissen, die Urweisheit der Erde und des Lebens in der Erde. Sie fühlt sich für uns so nah an, weil sie so stark materialisiert und inkarniert ist. Sie ist zwar nicht personalisiert, aber sie ist so nah an der Materie, dass sie auch uns Menschen sehr nahe steht. Und obwohl sie so nah an der Materialisierung ist, ist sie gleichzeitig eine hoch geistige Kraft. Die Urkraft der Erde ist die am höchsten vergeistigte Kraft der Erde.

Sie ist der Bereich, in dem der Abdruck der Matrix gespeichert ist. Das bedeutet, dass der Impuls für alle Formbildungen in der Natur hier gehalten und behütet wird. Die Vielfalt des Lebens ist möglich dank der Substanz der Urkraft der Erde.

Die wesenhaften Ausdrücke für die Urkräfte der Erde kennen wir alle, weil wir ihnen schon als Kinder in den Märchen begegnen. Das sind beispielsweise die Drachen als Ausdruck des feurigen Elements der Erde und die Riesen als Ausdruck ihres irdischen Elements.
Leider werden in den meisten Fällen Drachen und Riesen als negative und aggressive Schattenaspekte des Lebens dargestellt, was darauf hinweist, wie stark wir Menschen die Urkraft der Erde missverstehen und verdrehen. Sie haben nämlich nichts mit den zerstörerischen Bildern gemeinsam, die uns schon in der Kindheit eingeprägt werden. Das zeigt, wie sehr wir die natürliche Verbindung zur Erde und zur Lebensexistenz verloren haben. Wir haben diese Lebensbasis voller nährender Kräfte, ohne die das Leben in dieser Form gar nicht existieren kann, in böse Wesen verdreht, die gegen uns wirken und damit für uns Menschen sogar gefährlich sind.

Von klein auf wird uns die Urangst vor diesen Kräften eingeflößt. Es wird uns beigebracht, dass wir uns vor diesen Kräften fürchten sollten, dass sie uns böse gesinnt sind, dass wir uns vor ihnen in Acht nehmen sollten, dass wir ihnen nicht vertrauen können, dass es lebensgefährlich ist, ihnen zu begegnen und wir sie darum meiden sollten.
Was bedeutet das für uns als Menschheit? Wir verschließen uns ihnen und verbauen uns den natürlichen Zugang zu diesen Kräften. Wir stoßen sie von uns weg und bleiben damit ohne tragendes Fundament. Wir sind wie Vögel ohne Flügel, die sich nicht in den Himmel aufschwingen können – ohne diese Urbasis können wir auf der Erde keine wirkliche Präsenz aufbauen.

Wir können uns fragen: Wer will uns mit diesen falschen Bildern der Urkraft der Erde steuern? Sicher nicht jene Kräfte, die unseren Entwicklungsweg unterstützen.

Wenn wir uns von den Urkräften der Erde innerlich distanzieren, wenn wir sie als uns fremd und sogar gefährlich einordnen, wenn wir sie dämonisieren, dann nehmen wir auch einen Teil von uns selbst nicht an und stoßen ihn ab. Die Urkräfte der Erde leben nämlich nicht nur tief in der Erde, sondern auch in jedem von uns. Jeder von uns kann in sich einen inneren Drachen oder einen inneren Riesen entdecken. Sie sind ein wichtiger Teil unserer Existenz. Durch sie haben wir Zugang zu der persönlichen und kollektiven Matrix. Wir bekommen gerade durch die Urkräfte die wahre Verbindung zur Erde, zur Materie und zur Realität.

Wenn wir uns als Menschheit betrachten, dann können wir sehen, dass uns genau diese Verbindung fehlt. Wir haben unsere Verankerung, unsere Verwurzelung, unser wahres Fundament verloren, damit sind auch wir verloren.

„Stelle Dir vor, dass Du in mir stehst und dass aus Dir eine Nabelschnur wächst, die in die Tiefe der Erde dringt. Folge innerlich Deiner Nabelschnur und lasse Dich damit immer tiefer in den Körper der Erde versetzen. Sinke damit immer mehr in die tiefen Schichten der Existenz der Erde. Lasse Dich dabei tragen. Ich bin in den Urkräften der Erde zuhause.

Bist Du bereit, dem wahren Drachen dieser Landschaft zu begegnen? Bist Du bereit, alles, was in Dir nicht Deine wahre Wahrheit ist, verbrennen zu lassen?

Sei Dir bewusst, dass ich Dich begleite und dass ich mit Dir durch das Wandlungsfeuer der Urkraft der Erde gehen werde. Du brauchst keine Angst zu haben, verschließe Dich bitte nicht, vertraue mir und Du wirst durchleuchtet und damit innerlich gereinigt. Wenn Du Dich mit Deinem ganzen Wesen endlich in der Erde inkarnieren möchtest, dann musst Du durch das Feuer der Lebenswahrheit und damit durch die Wandlung der Urkraft der Erde gehen. Wenn Du Dich innerlich nicht ganz befreist und öffnest, wirst Du nur mit großen Schwierigkeiten diesen Weg der Wahrheit in das Neue gehen. Es ist geradezu unmöglich.

Deswegen bitte ich Dich, sammle den Mut und begib Dich vertrauensvoll auf diesen Weg in die Tiefe. Gehe Schritt für Schritt und versuche Dich dabei nicht selbst zu überholen. Folgst Du mir noch?

Du wirst es spüren, wenn Du vom Feuer des Drachens geläutert und durch-geschüttelt wirst. Dann nimm das Feuer als ein tiefes und reifes Licht wahr und erlebe es als Teil von Dir. Lasse zu, dass das Drachenlicht Deine persönliche Kraft durchleuchtet und Du damit die Einweihung in die Kraft des Drachens erlebst.

Dann spüre, wie der lange vergessene, unterdrückte Riese in Dir wieder erwacht und in Dir zu wachsen beginnt. Betrachte und erlebe das mit großer Freude. Er durchbricht alle Grenzen, wächst durch alle Strukturen und durch alle deine Lebensmuster. Er nimmt keine Rücksicht in diesem Zusammen-hang, sondern wächst in seine natürliche Größe. Spüre, wie alles bricht, was nicht der Wahrheit entspricht und was sie nicht unterstützt. Das Leben wacht wieder auf in Dir, darum öffne Dich noch mehr und lasse es geschehen. Der Riese in Dir wird unaufhaltsam in die Größe seines Seins wachsen und Dich mitnehmen. Wachse mit und spüre, wie Du Dich endlich in Deine eigene Weite, Ewigkeit und Größe ausdehnen kannst. Atme tief durch und lasse es mit Dir geschehen. Als Bild kannst Du Dir vorstellen, dass Dein innerer Riese sein ganzes Leben mit Zwergen gelebt hat und erst jetzt merkt, dass ihm nicht die Größe eines Zwerges, sondern die eines Riesen entspricht. So wächst Dein innerer Riese und Du mit ihm.

Was für eine innere Freude, Befreiung und Erleichterung! Sei Dir bewusst, dass Du damit einen großen Schritt zu Dir selbst machst.

Wenn Du bereit bist, dann spüre wieder die Nabelschnur und klettere wieder zurück in meine warme Sphäre. Sei herzlich willkommen NEU auf der Erde. Ich freue mich für Dich und mit Dir."

Der Zugang und die tiefe innere Verbindung mit diesen Kräften werden in dieser Zeit der intensiven Wandlung entscheidend sein. Sie sind es nämlich, die unser Lebensfundament bilden, sie geben uns innere Sicherheit, sie sind die tragenden Kräfte und damit die Basis für unser Vertrauen ins Leben. Ohne Verbindung mit den

Urkräften werden wir diesen Weg der Wandlung in das Neue nicht gehen können. Wir wären zu geschwächt, zu verloren und zu weit weg von unserer wahren Natur.

Wie ist der Ort der großen Steinkugel in Zavidovići verbunden mit der Pyramiden-Landschaft von Visoko?

Beide Orte sind eng miteinander verbunden. Man könnte sagen, dass sie miteinander atmen. Ihre Mission geht in die gleiche Richtung – **in das Neue**. Die Landschaft der Pyramiden* ist dabei ein Impuls-Träger, Sammler, Behüter und Sender und die Landschaft der großen Steinkugel ist der endgültige Auslöser.

Gleichzeitig bildet die Landschaft der Kugel mit mehreren anderen Orten in der weiteren Umgebung von Visoko, wie beispielsweise Vranduk, Vrbenac, der Ort mit den vielen kleinen Steinkugeln in Zavidovići oder die Quelle des Bosna-Flusses ein unterstützendes Energienetz, das hilft, die Kraft der Pyramidenlandschaft zu halten und zu tragen. Sie heben die Schwingung und ermöglichen damit dem System in Visoko, seine eigenen Aufgaben noch stärker umzusetzen. Die Visoko-Landschaft würde es alleine nicht schaffen, solch ein Energiefeld aufzubauen und zu halten, daher ist die Sphäre, die durch dieses Energienetz entsteht, für dieses System lebenswichtig.

Der Ort der großen Steinkugel bringt in dieses System die Dimension der Ewigkeit. Das ermöglicht dem ganzen System einen Quantensprung in seiner Wirksamkeit und in seinem Ausdehnungsvermögen. Es sprengt dadurch alle gewöhnlichen Grenzen des linearen Denksystems und der dreidimensionalen Gesetze. Mehr und mehr werden damit das normale Denken und das lineare Entwicklungsmodell entkräftet und mit der Zeit überwunden.

Um die Funktion dieses Ortes im ganzen Komplex zu verstehen, sollten wir uns bewusst werden, dass dieser Ort nicht nur die Weisheit des Neuen trägt, sondern dass er durch die Kraft der Kugel das Potenzial hat, freie Energie zu

---

* Mehr über die Aufgabe und Funktion der Pyramidenlandschaft in Visoko im Buch „Die Wahrheit aus der Zukunft", 2017, das ich zusammen mit Thomas von Rottenburg und Marko Pogačnik geschrieben habe.

„produzieren". Er ist nicht nur eine „Kraftmaschine" und ein Ort der Heilung, sondern besitzt auch ein tiefes Wissen über den Energieüberfluss.

Die Pyramidenlandschaft in Visoko ist enorm stark und hoch schwingend, aber sie wäre ohne den Ort der großen Kugel in der heutigen Zeit zu schwach, um ihre eigene Botschaft zu verbreiten und damit ihre eigene Funktion zu stärken. Alleine wäre sie der heutigen stark vergifteten, durch Elektrosmog und entsprechende Schwingungen übermäßig verschmutzen Umwelt nicht gewachsen, sie braucht die klare und tragende Kraft der Steinkugel als Rückhalt. Der Ort der Kugel wirkt auf allen unterschiedlichen Ebenen stark entgiftend und ist in sich so klar und rein, dass er sogar die Festigkeit der Materie durchbrechen kann. Damit ist er auch in der Lage, sich den vergiftenden Schwingungen und Strahlungen entgegenzustellen, ohne dabei im Geringsten an Kraft zu verlieren. Man kann sogar sagen, es geschieht das Gegenteil, dass nämlich infolge des Abprallens der störenden Energien die Kraftschwingung und Frequenz der Kugel sogar steigen. Die geistige Kraft dieses Ortes ist so stabil, rein, klar und durchschlagend, dass dieser Ort an Stärke immer nur gewinnen und nie verlieren kann.

Die Visoko-Pyramiden haben als Basis eine energetische Einprägung einer besonderen kosmischen Konstellation[*]. Auch die Landschaft der großen Steinkugel ist Teil dieser Einprägung. Sie ist ein Teil der Materialisierung einer bestimmten planetarischen Konstellation, die für die Erde und uns Menschen bis heute eine zunehmend wichtige Rolle spielt – sie ist wie ein Tor in ein höheres Bewusstsein. Damit ist es uns möglich, ein Wissen und ein geistiges Potenzial zu erlangen, das uns sonst unerreichbar geblieben wäre.

Diese Steinkugel ist nicht die einzige auf dem Planeten, es erscheinen immer mehr solche Kugeln. Sind sie miteinander verbunden und haben sie auch zusammen eine bestimmte Aufgabe?

Diese Steinkugel aus Zavidovići ist zurzeit die größte bekannte Kugel ihrer Art – nicht nur auf der physischen, sondern auch auf der geistig-energetischen Ebene. Sie ist eine Art Prototyp für so einen materialisierten geistigen Körper.

---

[*] Siehe das Buch „Die Wahrheit aus der Zukunft", 2017, Seite 17

Ihre perfekt geformte Gestalt hat ganz sicher keinen natürlichen Ursprung und ist auch nicht aus einem massiven Gestein oder Felsen gehauen. Aus einem bestimmten Grund wurde sie mit Hilfe eines höheren Bewusstseins Schicht um Schicht gebildet.

Die feste Gestalt der Steinkugel ist zwar materiell, doch ihr lebendiges Wesen reicht weit über ihre äußere physische Erscheinung hinaus.

Was wir bei der Steinkugel mit den physischen Augen sehen können, ist nur ein kleines Abbild dessen, was ihr geistiges Potenzial ausmacht. Die physische Form gibt ihr die Möglichkeit, sich in der Materie zu manifestieren, jedoch ist sie nicht auf die physische Ebene begrenzt und schon gar nicht in ihr gefangen. Man könnte sogar sagen, ihre physische Gestalt ist eine materialisierte hoch geistige Kraft, die ursprünglich und eigentlich jenseits der materiellen Gesetze existiert. Sie kann auch in einem solchen perfekten kugelförmigen Körper nicht gefangen sein. Sie kann sich durch ihn teilweise manifestieren und einen materialisierten Ausdruck finden, doch kann sie nie endgültig in der festen physischen Welt inkarniert werden.

Diese Steinkugel wirkt zwar als Fokus für eine enorm hohe geistige Kraft, diese kann aber nicht nur durch ein solches Objekt wirken, sie braucht eine wesentlich größere Wirkungssphäre, die sie in diesem ganzen Tal findet. So ist es nicht nur die Kugel alleine, die diese enorme Kraft verkörpert, sondern es ist eine größere Landschaft, die den geistigen Raum formt, ausfüllt und trägt.
Die Kugel selbst hat zwar viel Potenzial, aber sie wäre ohne die Landschaft, in der sie liegt, nur ein Schatten ihrer selbst. Sie kann diese enorme Ausstrahlungskraft entfalten, weil sie im jetzigen Raum eingebettet ist.

Ebenso wäre sie nur halb so stark, wenn sie die einzige Kugel auf der Erde wäre. Die unterschiedlichen Kugeln bilden gemeinsam ein bestimmtes Frequenznetz, das nur in der Form einer engen Verbindung und Vernetzung existieren kann.

Die Kugeln sind ein materialisierter Rest einer sehr hoch entwickelten vergangenen Zivilisation, die jedoch auch heute noch aktiv ist.
Obwohl es sich dabei sozusagen um ein Relikt aus der Vergangenheit handelt, trägt die Kugel das Wissen über das Neue in sich und hat die Möglichkeit, mit

Die Kugel

ihrer Präsenz den Raum für das Neue anzubieten. Vielleicht ist genau die Weisheit dieser Zivilisation, die das All-Eins noch gelebt hat, der fruchtbare Boden für die Entwicklung des Neuen.

Interessanterweise haben diese Steinkugeln zwar einen uralten Ursprung, aber sie könnten nicht besser auf das Neue eingestimmt sein, als sie es heute sind. Sie schwingen mit der Frequenz des Neuen und sind von seinem Impuls durchdrungen.

Die Erde hat ihr eigenes magnetisches System, ihren physischen Magnetismus, und vielleicht bringt das System dieses Steinkugelnetzes ein zusätzliches Element, eine geistige und energetische Komponente dazu.

Um diese Schwingung des höheren Bewusstseins im Gleichgewicht zu halten, müssen solche Steinkugeln nicht regelmäßig um die ganze Erdkugel verteilt sein, weil sie nicht auf der linearen Gesetzmäßigkeit basieren – sie stehen jenseits der zeitlichen und räumlichen Begrenzungen. Gemeinsam bilden sie einen Raum, der das Fundament bildet für die Kraft der Ewigkeit, die Schwingung des Herzens und das Potenzial des offenen Bewusstseins, und dieser Raum ist unabhängig und vollkommen sicher.

Spannend ist auch diese kugelige, absolut runde Form, die uns sehr stark an die Kugelform unseres Planeten erinnert.

Jede Kugel ist für sich ein eigener Planet, und gemeinsam bilden sie ein planetarisches System, das eine einzigartige und vollkommene Einheit bildet. Die Kugelform zeigt die Kraft des abgerundeten und vollkommenen All-Eins-Seins, die in diesen Steinkugeln abgebildet ist und sich in ihnen fokussiert. Und ihr planetarisches System baut genau auf diesem Impuls des Eins-Seins auf und ist somit das Fundament für eine neue Findung, eine neue Verankerung des All-Eins.

Da sie zeitlich frei sind und in sich die Weisheit der Ewigkeit tragen, sind sie unabhängig von den Erinnerungen der Zivilisation, in der sie entstanden sind. Damit geht ihr Weg nicht zurück in das alte Eins-Sein, sondern nach vorne in das All-Eins-Sein des Neuen.

Was sollte zum Schluss noch gesagt werden?

Es gibt keinen Grund für Ängste, Panik, Unsicherheit oder gar Pessimismus. Der Weg in das Neue wird eine Erleichterung sein, weil wir endlich wieder das wahre Leben erfahren werden – alles, was unwahr, was Lüge oder sogar gegen das Leben gerichtet ist, wird diesen Weg in das Neue nicht überstehen können. So wird das Neue eine große Befreiung bringen.

Der Weg wird vielleicht nicht immer leicht sein, aber das gehört zu einem solch tiefen Wandlungsprozess dazu. Es ist nicht nur ein Prozess, sondern ein Quantensprung, wir müssen durch innere Mühlen. Wandlungskräfte werden so tief in uns eindringen wie noch nie, um uns im Kern zu berühren und uns dadurch zu helfen, unsere innere Schatzkiste endlich zu befreien. Wir werden wie ein Diamant poliert, bis wir mit unserer ganzen Kraft strahlen. Wenn wir ganz ehrlich mit uns selbst sind, dann wissen wir, dass wir dafür noch tiefe Prozesse brauchen, die uns durch Reinigung, durch Wandlung, durch Bewusstwerdung zum Annehmen von uns selbst in einer ganz neuen Form führen werden.

Wir sollten uns auch immer wieder daran erinnern, dass es sich nicht nur um einen persönlichen, sondern um einen kollektiven Prozess handelt. Das heißt, dass wir nicht nur für uns persönlich weiterziehen, sondern auch für die, die es zurzeit selber nicht können.

Und eines sollten wir auf diesem Weg nie vergessen: Wir sind nie alleine, auch wenn wir uns vielleicht manchmal einsam fühlen werden!
Die geistige Welt wird immer gegenwärtig sein, und wenn wir sie nicht spüren können, dann sollten wir schauen, wo wir uns verloren und verstrickt haben. Sie ist immer für uns da! Sie steht uns jederzeit zur Verfügung und wartet darauf, dass wir sie in unser Wirken miteinbeziehen, dass wir ihr die Türe öffnen, dass wir sie zum gemeinsamen Tun einladen. Oft können die Wesen der geistigen Welt nicht wirken, auch wenn sie das sehr gerne tun würden, weil wir die Türe für sie nicht öffnen. Oft haben sie keinen Zugang, deswegen ist es so wichtig, dass wir bewusster damit umgehen und uns immer wieder an die weiteren Dimensionen des Geschehens erinnern.

Diese große Umpolung des Seins geschieht nicht nur auf unserer menschlichen Ebene, sondern im großen Ganzen. Wir alle gehen zusammen in etwas Neues, deswegen können wir einander unglaublich helfen.

„Stelle Dich vor mich und stelle Dir vor, dass Du genauso wie ich eine Kugel bist. Lasse Dich ganz ein und denke nicht, wie das geschehen soll. Wenn Du loslässt, wirst Du es wissen.

Dann rollen wir so weit aufeinander zu, bis wir einander leicht berühren. Was geschieht in Dir? Kannst Du die Schwingung spüren? Kannst Du das leichte Vibrieren im ganzen Körper wahrnehmen? Folge Deinem Gefühl und steige ein.

Stelle Dir vor, dass jede Zelle Deines Körpers eine solche Kugel ist wie ich. Und dann werde Dir bewusst, dass Du mit allen Kugeln auf der Erde verbunden bist. Spürst Du die fein vibrierende Elektrizität, von der Du plötzlich ein Teil geworden bist? Kannst Du Dich innerlich so weit ergeben, dass Du das spüren kannst? Denke nicht, mein lieber Mensch, lasse los und werde Eins.

Es ist gar nicht so schwierig. Lasse zu, dass Dein lineares Denken zur Ruhe kommt, dann wirst Du Dich innerlich befreien können.

Nimm wahr, wie sich die Zellen in Deinem Körper als Kugeln neu miteinander verbinden. Bleibe ruhig und präsent und Du wirst die neue planetarische Ein-stimmung in Dir erleben können. Das Leben wird sich plötzlich nicht mehr um Dich herum, sondern in Dir drin abspielen. Öffne Dich dafür und Du wirst neu auf das Leben eingestellt.

Wenn Du möchtest, kannst Du als Kugel in mich hineinrollen, um ganz eins mit mir zu werden. Bleibe auf das Geschehen fokussiert und lasse Dich nicht vom Verstand stören. Nimm die Kraft auf. Spüre weiter, was in Deinem Körper in den Zellen geschieht.
Versuche das spielerisch anzugehen, weil Du Dich damit noch mehr in den Tiefen entspannen kannst. Atme durch und sei Dir bewusst, dass Du mit dem ganzen Körper atmen kannst.

Je tiefer Du in diesen Augenblick einsteigen kannst und je deutlicher Du die neue Einstimmung erlebst, umso stärker wird sich diese neue Lebenseinprägung in Dir setzen können.

Entspanne Dich und spüre, wie Dein Wesen jubelt. Es ist das wahre Leben, das Dich berührt. Sei wach und spiele mit."

Am Ende haben wir noch eine Bitte an Euch Menschen. Verliert auf diesem Weg in das Neue Eure Lebensfreude nicht!

Pflegt bewusst Euer Lachen, weil es lebenswichtig sein wird. Schwere wird Euch in diesem Prozess nicht tragen können. Je mehr Leichtigkeit, Freude und Positivität Ihr hervorbringen werdet, umso leichter wird der Weg sein. Versammelt Euch alle gerade in schwierigen Augenblicken und feiert das Leben mit Freude.

Das Leben ist auf Eurer Seite und je lebendiger es fließen kann, umso stärker werdet Ihr getragen sein! Wenn Ihr die Lebensfreude verliert, dann verschließt Ihr Euch automatisch für das Leben, was natürlich dazu führt, dass Ihr nicht mehr im Lebensfluss steht.

Traut Euch zu, aus der Fülle des Lebens in vollen Zügen zu schöpfen, und ihr werdet immer getragen werden.

Das Leben entsteht und entfaltet sich eben nicht auf der Basis des Mangels, sondern es fließt im Überfluss. Es ist an uns, uns zu öffnen, damit wir die hinderlichen Muster in uns verwandeln, damit wir über die alten Dogmen hinwegsteigen, damit wir alte Wunden in uns heilen, damit wir uns über die negativen kollektiven Projektionen erheben, damit wir uns nicht mehr alten Strukturen beugen, damit wir uns für das Neue entscheiden und es mit Freude in uns begrüßen.

„Lasst uns gemeinsam in das Neue tanzen. Das Leben ruft und hat viele Überraschungen für uns vorbereitet. Bleibe Deiner neugierigen Natur treu.

Bleibe in Deinem Wesen präsent. Wenn Du Deine Wahrheit lebst, bist Du so schön und strahlend. Folge weiter Deiner Wahrheit und Du wirst auf diesem Weg ins Neue immer getragen, gehalten, beschützt, genährt und gesegnet sein.

Bleibe Dir selber treu und das Leben wird Dich in seinem Fluss mitnehmen.

Gute Reise Dir, meine liebe Freundin, mein lieber Freund. Vergiss nicht, was wir gemeinsam erlebt haben. Innerlich sind wir von jetzt an innig verbunden und gehen diesen Weg zusammmen. Du kannst mich jederzeit rufen und ich werde Dir meine Hand reichen und Dir weiterhelfen. Ich werde immer für Dich da sein.“

Zum Kosmogramm

Das Kosmogramm, das den Text von Ana begleitet, bezieht sich auf das schöpferische Wirken des Menschen, inspiriert durch die Botschaft der außergewöhnlichen Kugellandschaft in Zavidovići, die in diesem Buch zu Ana spricht. Die Botschaft der Steinkugel wird durch den Daumen, der menschliche Beitrag durch die andern vier Finger dargestellt. Zusammen stellen sie die schöpferische Hand der Gegenwart und der Zukunft dar.

Marko Pogačnik

April 2019

Zu den Zeichnungen

Als ich sechzehn Jahre alt war, habe ich die Möglichkeit entdeckt, mit anderen Welten zu kommunizieren. Schon damals wurde ich in die Sprache der Zeichnungen eingeführt. Energetische Botschaften aus anderen Welten, Dimensionen oder von andern Wesenheiten sind nie in Worte gefasst, sondern existieren in Kraftform. Erst wenn wir sie in unsere materielle Dimension holen, bekommen sie eine konkrete feste Form. So ist es möglich, die gleiche spirituelle oder energetische Botschaft in sehr unterschiedliche Formen und Sprachen zu übersetzen. Worte, Zeichnungen, Musik, Kosmogramme oder Malereien sind solch unterschiedliche Ausdrucksformen, und doch können sie alle Träger des gleichen Energieflusses sein.

Die Zeichnungen sind eine Hilfe, um sich zum Beispiel mit dem Ort selbst, mit dem Wesen der Kugel, der gesamten Kraft und dem Gefühl des Neuen zu verbinden und mit ihnen in einen noch innigeren Austausch und eine noch tiefere innere Verbindung einzutreten. Wir können sie wie innere Schlüssel benutzen, die uns helfen, immer weiter und tiefer zu gelangen.

Es handelt sich nicht um ein automatisches Zeichnen, weil ich dabei eine bewusste Verbindung mit dem Ort, mit der Wesenheit der Kugel, mit gewissen Themen und Wesen, die dabei mithelfen, gehalten habe und damit am Prozess der Entstehung aktiv beteiligt war. Meine Hand wird dabei physisch geführt. Meine Hand setzt zur Zeichnung an, am Schluss endet die Linie immer am Anfangspunkt.

Hier ein Vorschlag, wie man die vorliegenden Zeichnungen benutzen kann. Das Wichtigste ist, sich für die Kraft, die durch die Zeichnungen strahlt, zu öffnen und sich von ihr tief im Herzen berühren zu lassen.

Um die Verbindung noch zu vertiefen, kann man sich im Herzen eine strahlende Sonne vorstellen, aus welcher man einen Strahl auf einen Punkt in der ausgewählten Zeichnung richtet. Mit diesem Lichtstrahl und mit dem Blick folgt man für eine Weile im eigenen Rhythmus der Linie in der Zeichnung, bis man spürt, dass sich das Herz geöffnet hat und eine Verbindung zwischen dem Herzen und der Zeichnung entstanden ist. Alles, was man dann noch tun sollte, ist, die Kraft fließen lassen. Eine andere Möglichkeit ist, die Zeichnungen zu fotokopieren und sie nach der eigenen Intuition mit Buntstiften anzumalen. Die Zeichnungen kann man sich als ein Tor vorstellen, durch welches wir in andere Dimensionen schauen können. Genauso bekommen auch die anderen Welten eine Möglichkeit, mit unserer Welt Kontakt aufzunehmen.

Ana Pogačnik

(teilweise aus dem Buch: Heilkunde der Ätherischen Öle von Thomas von Rottenburg)

Danksagung

An erster Stelle möchte ich mich bei *meiner Familie, Thomas, Klara und Eva,* bedanken, dass sie mir bei der Entstehung dieses Buchs zur Seite gestanden sind. Danke Euch für Euer vielseitiges Dasein und die Unterstützung. Danke Thomas, dass Du mit so viel Geduld bereit warst, den Text mit mir zu korrigieren.

Wie immer, möchte ich meine tiefe Dankbarkeit *meinen Eltern, Marika und Marko,* ausdrücken, weil sie zwei sehr wichtige Säulen in meinem Leben geworden sind. Danke, dass ihr für mich den geistigen Raum geöffnet habt.

Ein großer Dank geht an *Suad,* den Mann, der die Steinkugel ausgegraben hat und seit vier Jahren 24 Stunden am Tag ihr wahrer Beschützer und Behüter ist. Er widmet sein Leben diesem Ort und dient seinem wirklichen Sinn. Danke Suad, für Deine Hingabe und Deine so wertvolle Präsenz für diesen Ort.

Mein Herz ist voller Dankbarkeit für *Gabriella und Alfred Borter,* die mit viel Gefühl und Achtsamkeit den Text durchgesehen und damit geholfen haben, dass die Botschaft besser lesbar ist und verständlicher und klarer wirken kann. Danke, Gabriella und Fredi für Euer Geschenk. Es war mir eine große Freude, mit Euch zusammenzuarbeiten.

Ich bin sehr dankbar, dass wir *Zita Weckenmann* an unserer Seite haben. Sie hilft uns, für unsere Bücher die passende äußere Form zu finden und hilft, dass die Bücher zu den Menschen kommen. Liebe Zita, danke Dir für Deinen Einsatz und die Bereitschaft, mit uns zu wachsen.

Ich möchte mich bei allen Menschen bedanken, die bei meiner und unserer Seminartätigkeit so treu unsere Arbeit mittragen. Es ist ein sehr wohltuendes Gefühl zu wissen, dass wir auf diesem Weg nicht alleine, sondern in einer tragenden Gemeinschaft von Gleichgesinnten sind. Danke Euch, liebe Freundinnen und Freunde für unser Zusammensein. Ihr wisst ja, wie viel mir das bedeutet.

Über die Autorin

Ana Pogačnik, Seminarleiterin, Autorin, Mutter von zwei kleinen Mädchen, 1973 in Slowenien geboren.

Erst habe ich mein Leben dem Klavier gewidmet, danach Archäologie studiert. Seit 1989 empfange ich Botschaften aus unterschiedlichen geistigen Quellen. Seit 1999 gebe ich mein dabei erworbenes Wissen über die unsichtbaren Dimensionen der Landschaft und ihrer Spiegelung in uns Menschen, in meinen Seminaren weiter. Als ich im Ausland lebte, habe ich als Rahmen dafür die Schule „Wieder sehen" gegründet, die sich, da ich jetzt in Slowenien lebe, in „Modra Zemlja" (übers. Weise/Blaue Erde) gewandelt hat.

Bücher: „Das Licht des Herzens", „Das Herz so weit", „Die Erde liebt uns" und „Die Wahrheit aus der Zukunft"

Mehr unter: www.ana-pogacnik.com

Buchempfehlungen

Ana Pogačnik, Marko Pogačnik, Thomas von Rottenburg

Die Wahrheit aus der Zukunft

Die Botschaft der bosnischen Pyramiden
als Wandlungsimpuls für die Neue Zeit

In diesem Buch werden die Bosnischen Pyramiden als
eine bedeutende Offenbarung für den kommenden
Quantensprung der Erde und des Menschen vorgestellt.

Verlag: Modra zemlja, Šempas, Slowenien und
Društvo za sožitje človeka, narave in prostora VITAAA,
Ljubljana, Slowenien

ISBN: 978-961-285-635-9, Preis: 16 Euro

Erhältlich unter: www.diewahrheitausderzukunft.de

Thomas von Rottenburg

Das flüssige Gold des Neuen

Ätherische Öle für die Neue Zeit

Das Buch beschreibt Wesen und Wirksamkeit von
besonderen, zumeist wenig bekannten ätherischen
Ölen der neuen Zeit.

Verlag: Modra zemlja, Šempas, Slowenien

Erhältlich unter: www.dasfluessigegolddesneuen.de